Niklas Hofmann, Klaus Raab

Ein Kult für alle Fälle

Die ultimativen Serien der Achtziger

Suhrkamp

Illustrationen von Maike Hettinger

Erste Auflage 2013
suhrkamp taschenbuch 4423
Originalausgabe

Druck: CPI – Clausen & Bosse, Leck
Gestaltung: Karsten Middeldorf
Printed in Germany
ISBN 978-3-518- 46423-6

Ein Kult für alle Fälle

EINLEITUNG

Guten Tag,

---

dieses Buch handelt von zwölf Fernsehserien*:

Agentin mit Herz
Airwolf
Das A-Team
Ein Colt für alle Fälle
Hart aber herzlich
Knight Rider
MacGyver
Magnum
Miami Vice
Remington Steele
Simon & Simon
Trio mit vier Fäusten

Mit anderen Worten, es geht in diesem Buch um Ferraris, Büroklammern, Vietnam-Traumata, Kochrezepte, italienische Anzüge, die ersten Nerds, die kurzärmligen Jacketts von Phil Collins, Hausboote und hochintelligente Dialoge. Außerdem enthält es – das mag den einen oder anderen überraschen – einen Stadtplan von München, ein Autoquartett, Wissenswertes über Edelsteine und das Geheimnis der Ermittlungserfolge von Kriminaloberinspektor Derrick. Ach ja, um *Ein Schloss am Wörthersee* geht es auch, das aber wirklich nur ganz am Rande. In diesem Punkt hoffen wir auf Ihr Verständnis.

Niklas Hofmann und Klaus Raab

* Warum von diesen? Wir bitten Sie!

FÜR EINSTEIGER

Das A-Team

Originaltitel: *The A-Team*
Erstausstrahlung in den USA 23.01.1983, NBC
Erstausstrahlung in Deutschland 12.03.1987, ARD
98 Episoden in 5 Staffeln zwischen 1983 und 1987
Erdacht von: Stephen J. Cannell und Frank Lupo

CLAIM

»Wenn Sie mal ein Problem haben und nicht mehr weiterwissen, suchen Sie doch das A-Team.«

HAUPTFIGUREN

John »Hannibal« Smith (George Peppard), Vietnamveteran, Verkleidungskünstler, Anführer des A-Teams, das von der Militärpolizei gesucht wird: Einigen Mitgliedern des Teams wird vorgeworfen, die Bank von Hanoi ausgeraubt zu haben (sie handelten allerdings auf Befehl und wollten mit der Aktion eigentlich den Krieg beenden).
Bester Satz: »Ich liebe es, wenn ein Plan funktioniert.«
Templeton »Faceman« Peck (Dirk Benedict), Vietnamveteran, Charmeur, Spezialist für Materialbeschaffung.
Bester Satz: »Da drin sind 50 bis 60 Mann? Macht nichts, dafür sind wir zu viert.«

H. M. »Howlin' Mad« Murdock (Dwight Schultz), seit dem Vietnamkrieg Insasse einer Nervenheilanstalt (womöglich aber aus Bequemlichkeit), Pilot des A-Teams, der jede Schrottkiste fliegen kann (oder zumindest runterbringen); er wird nicht von der Militärpolizei gesucht.
Bester Satz: »Ladys und Gentlemen, ich hoffe, Sie hatten einen angenehmen Absturz. Bitte bleiben Sie sitzen, bis die Maschine ausgebrannt ist.«
Bosco Albert »Bad Attitude« Baracus (Mr. T), Vietnamveteran, Tüftler, Kinder- und Arbeiterfreund, Fahrer des A-Team-Vans, leidet unter Flugangst und unter Murdock.
Bester Satz: »Das ist meine sprechende Faust, sie heißt Knockout. Willst du mal mit Knockout reden, Murdock?«
Des Weiteren: Colonel Lynch, Colonel Decker und General Fulbright von der Militärpolizei, die Hannibal, Faceman und B. A. festnehmen wollen; die Journalistinnen Amy Allen und Tawnia Baker, die in frühen Folgen das A-Team begleiten.

DIE IDEALTYPISCHE EPISODE (DIE ES SO NICHT GAB)

Ein Farmer soll Schutzgeld an die Mohrrübenmafia zahlen. Seine Tochter kontaktiert das A-Team, das mit der Mafia aufräumen soll. Verkleidet als Müllmann sagt Hannibal zu.

Face holt Murdock aus der Nervenklinik, wo er sich mit einer Topfpflanze angefreundet hat. Das Team fährt zur Farm. Murdock lässt dort seine Pflanze auf dem Feld spielen. B. A. droht, sie zu zertreten. Hannibal spricht mit dem Bauern. Face flirtet mit dessen Tochter. Plötzlich tauchen 57 Mohrrübenmafia-Rowdies auf, die von B. A. vermöbelt werden. Hannibal, der einen Plan hat, lässt dem Mohrrübenmafia-Boss über die Rowdies ausrichten, dass er selbst kommen müsse, wenn er Mohrrübenmafia-Schutzgeld eintreiben wolle. Face besorgt ein Fass, einen Feuerwehrschlauch, Chinaböller und zwei Rollen Klebeband. Ziel: Inferno veranstalten.

Als der Mohrrübenmafia-Boss anrückt, gibt Face, am Steuer eines Traktors, auf den das Fass montiert wurde, Gas. Aus dem Fass springt Hannibal und wirft mit Böllern. Murdock dreht den Hahn auf, die Feuerwehrschläuche – mit Löchern versehen – füllen sich mit Wasser, funktionieren als Sprenkleranlagen, und die Ganoven werden nass! B. A. ruft von einem Dachbalken herab: »Hier bin ich, Saukerle!«, wartet fünf Sekunden und springt dann einem der Saukerle ins Kreuz, was die Saukerle kollektiv bewegt aufzugeben.

Der Farmer dankt dem Team mit Rührkuchen. Doch die vier müssen los, denn am Horizont sieht man Colonel Lynch anrollen, der sie festnehmen will. Murdock gräbt seine Pflanze ins Feld ein, sie soll jetzt auf eigenen Füßen stehen. B. A. droht ihm Prügel an, dann tritt er das Gaspedal durch. Staubwolke. Abspann.

WORUM ES EIGENTLICH GEHT

Darum, dass trotz der Ungerechtigkeit, die einem selbst widerfahren kann, man niemals aufhören darf, anderen zu helfen.

DIE LETZTE FRAGE

Ist Hannibal nicht mindestens dreißig Jahre älter als Face?

EIN SATZ, DEN MAN GERNE EINMAL GEHÖRT HÄTTE

»B. A., kannst du nicht mal was Originelleres bauen?«

WER *DAS A-TEAM* MOCHTE, MOCHTE AUCH

World Championship Wrestling

REMAKE

Das A-Team – Der Film (2010)

Sinnlose Zerstörung von Dingen ★★★★★
Gewaltverherrlichung ★★★★☆
Badebekleidungsaufkommen ★☆☆☆☆
Abwechslungsreichtum ★★☆☆☆
Kultfaktor ★★★★☆

Hannibal aus dem A-Team spielt in den Filmen *Aquamaniac 2, Gatorella* und *Das Monster von Camp Runamuck* mit. Außerdem bewirbt er sich um eine Rolle in *Sindbad geht nach München.*

FÜR EINSTEIGER

Ein Colt für alle Fälle

Originaltitel: *The Fall Guy*
Erstausstrahlung in den USA 04.11.1981, ABC
Erstausstrahlung in Deutschland 08.03.1983, ZDF
112 Episoden in 5 Staffeln zwischen 1981 und 1986
Erdacht von: Glen A. Larson

CLAIM

»Yes, I'm the lonely stuntman.«

HAUPTFIGUREN

Colt Seavers (Lee Majors), Stuntman, Kopfgeldjäger, Besitzer einer Freiluftbadewanne vor seinem Haus.
Bester Satz: »Was macht Ihr in meinem Badezimmer?«
Howie Munson (Douglass Barr), Tolpatsch, Colts jüngerer Cousin, Studienabbrecher, Stuntlehrling und Finanzverwalter.
Bester Satz: »Man nenne mir eine Uni, von der ich nicht irgendwann abgegangen bin.«
Jody Banks (Heather Thomas), Stuntfrau, Colts Kollegin und Mitbewohnerin.
Bester Satz: »Der Stunt war enger als meine Jeans!«
Des Weiteren: die Kautionsvermittlerinnen Samantha »Big Jack«

Jack, Terri Michaels und Pearl Sperling, die Colt mit Kopfgeldjagden beauftragen. Wechselnde Regisseure, für die Colt als Stuntman arbeitet und die – so war das in den Achtzigern – »Schnitt! Die wird kopiert!« rufen, wenn sie »die Aufnahme nehmen wir« meinen.

DIE IDEALTYPISCHE EPISODE (DIE ES SO NICHT GAB)

Colt rast mit einem Auto über eine Rampe, klettert im Flug brennend heraus und an einer Strickleiter hoch in Howies Hubschrauber, aus dem er ohne Fallschirm abspringt. Schnitt. Man sieht ein Filmset der 20th Century Fox Film Corporation, Colt landet auf einem Luftkissen, und der Regisseur ruft: »Schnitt! Die wird kopiert! Der beste Stunt, den ich je von dir gesehen habe, Colt.« Jody, die sich während des Stunts sämtliche Fingernägel abgekaut hat, quietscht erleichtert. Howie zündet sich am noch brennenden Colt einen Zigarillo an.

Auftritt Big Jack. Sie hat die Kaution für einen mutmaßlichen vierfachen Bankräuber bezahlt, der sich dummerweise abgesetzt hat. Colt soll ihn zurückbringen. Colt: »Ich bin in erster Linie Stuntman, nicht Kopfgeldjäger.« Big Jack: »5000 Dollar!« Howie, flüsternd: »Colt, denk an den Truck. Der muss repariert werden.« Colt: »Aber nur noch dieses eine Mal.«

Schnitt. Howie und Colt sitzen mit Cowboyhüten in einem Hotelpool und schauen sich Frauen in Bikinis an. Während Howie Bier holt, läuft der gesuchte Bankräuber an Colt vorbei. Colt verfolgt ihn auf ein Hotelzimmer im fünften Stock, wird aus dem Fenster geworfen und landet im Pool, in dem wieder Howie sitzt. Howie: »Colt, wieso nimmst du nicht die Treppe?«

Es folgen eine Strategiesitzung, eine Szene, in der Jody vorkommt, und eine Kneipenschlägerei, die Howie und Colt in den Knast bringt. Die Gefängniszelle ist schmutzgrün gestrichen. Big Jack hinterlegt ihre Kaution.

Schnitt. Im Truck verfolgen Jody und Colt den Bankräuber. Colt springt während der Fahrt in das Cabrio des Schurken und klettert mit ihm an einer Strickleiter in Howies Hubschrauber, bevor das Cabrio, dessen Bremsen blockieren, in einer sehr tiefen Schlucht zerschellt. Auftrag erfüllt.

Schluss. Big Jack, Jody, Howie und Colt trinken Bier aus Dosen. Im Fernsehen sieht man eine Frau im Bikini. Howie starrt sie an. Colt: »Du sabberst auf meinen Teppich, Kleiner.« Big Jack: »Das ist ja lächerlich.« Colt: »Du solltest ihn sehen, wenn er *Sesamstraße* guckt.« Gelächter. Abspann.

WORUM ES EIGENTLICH GEHT
Um einen jungen Mann, der den Familienzusammenhalt entdeckt. Nach einigen falschen Studienentscheidungen schlüpft er in die Fußstapfen eines älteren Verwandten und wird, statt Arzt oder Anwalt, vernünftigerweise doch lieber Stuntman.

DIE LETZTE FRAGE
Warum sieht Lee Majors' Stuntman nicht aus wie Colt Seavers?

EIN SATZ, DEN MAN GERNE EINMAL GEHÖRT HÄTTE
»Warum sind eigentlich ausnahmslos alle Gefängniszellen von New York bis Mexiko schmutzgrün gestrichen?«

WER *EIN COLT FÜR ALLE FÄLLE* MOCHTE, MOCHTE AUCH
die *Ausgekochtes Schlitzohr*-Filme mit Burt Reynolds, *Ein Duke kommt selten allein*

Sinnlose Zerstörung von Dingen ★★★★☆
Gewaltverherrlichung ★★★☆☆
Badebekleidungsaufkommen ★★★☆☆
Abwechslungsreichtum ★★☆☆☆
Kultfaktor ★★★★★

Heather Thomas alias Jody Banks aus *Ein Colt für alle Fälle,* spielte mit dem Schlagersänger Christian Anders (»Es fährt ein Zug nach Nirgendwo«) und Siegfried Rauch *(Das Traumschiff)* in *Der Stein des Todes* von Franz Josef Gottlieb *(Unser Charly, Dr. Stefan Frank – Der Arzt, dem die Frauen vertrauen, Der Landarzt, Ein Schloß am Wörthersee).*

Heather Thomas war anschließend mit dem Schlagersänger Christian Anders (»Es fährt ein Zug nach Nirgendwo«) liiert.

FÜR EINSTEIGER

Knight Rider

Originaltitel: *Knight Rider*
Erstausstrahlung in den USA 26.09.1982, NBC
Erstausstrahlung in Deutschland 28.08.1985, RTLplus
90 Episoden in 4 Staffeln zwischen 1982 und 1986
Erdacht von: Glen A. Larson

CLAIM

»Ein Mann und sein Auto kämpfen gegen das Unrecht.«

HAUPTFIGUREN

Michael Knight, geb. Long (David Hasselhoff), Kämpfer für die Gerechtigkeit im Auftrag der Knight Foundation. Deren (anschließend verstorbener) Gründer Wilton Knight rettete Michael das Leben, verpasste ihm eine neue Identität und ließ ihm eine Gesichtsoperation angedeihen.
Bester Satz: »K.I.T.T. hat ein dickes Fell.«

K.I.T.T., kurz für »Knight Industries Two Thousand« (gesprochen von William Daniels, deutsch von Gottfried Kramer), ein Auto mit doch so einigen Fähigkeiten.
Bester Satz: »Es ist nicht dick, es ist schlicht eine kugelsichere Legierung.«

Des Weiteren: Devon Miles, Leiter der Knight Foundation. Dr. Bonnie Barstow (zweite Staffel: April Curtis), zuständig für K.I.T.T.s Software und Mechanik. Garthe Knight, Wilton Knights Sohn und Michaels Doppelgänger.

DIE IDEALTYPISCHE EPISODE (DIE ES SO NICHT GAB)

K.I.T.T. wird von Bonnie mit allen wichtigen Informationen über Baggerdiebe gefüttert. Dann geht's los. K.I.T.T.: »Michael, es ist kaum zu glauben, dass jedes Jahr Bagger im Millionenwert gestohlen werden.« Michael: »Es ist aber so, deshalb hat sich Mr. Mayer an die Foundation gewandt.« Aha!

Auf dem Weg zu Mayer kommt Michael an einem Swimmingpool vorbei und sagt zu einer Frau: »Hi!« Nach dem Treffen mit Mayer geht es zu Informationsgesprächen in eine Bauarbeiter-Bar, wo Michael von einem Mann zum Bier eingeladen wird, der zufälligerweise Bagger verkauft. K.I.T.T. parkt im Halteverbot, aber als sich die Polizistin umdreht, um einen Strafzettel zu schreiben, rollt K.I.T.T. schnell ein paar Meter weiter.

Als wieder ein Bagger fehlt, fahren Michael und K.I.T.T. zu der Stelle, wo er gestohlen wurde. K.I.T.T. analysiert dort Lkw-Spuren: »In den Spuren ist Silikondioxid enthalten.« Michael: »Silikondioxid? Du meinst Sand?« K.I.T.T.: »Wenn Sie mich bitte ausreden lassen. Ich orte außerdem Spuren eines Kaktus, der nur in den Silverbell Mountains wächst, ein paar Meilen von hier.« Nichts wie hin. Michael sieht dort, auf einem versteckten Baggerparkplatz, den »Baggerverkäufer« aus der Bar wieder. K.I.T.T. spuckt seine Vorstrafen aus: Der Schuft ist schon zweimal über Rot gefahren!

Schnitt. K.I.T.T.s hypersensibler Analysator nimmt wahr, dass Mayers Frau schwitzige Hände hat. Sie muss also involviert sein. Michael findet durch geschicktes Fragen (»Ist Ihre Ehe am Ende?«) heraus, dass die Ehe der Mayers am Ende ist. Mayers Frau beichtet: Sie hat den Dieben alles verraten, um ihren Mann zu ärgern. Nun sagt sie Michael immerhin, wo die Diebe stecken.

Showdown: K.I.T.T. sprüht Öl auf die Fahrbahn, ein Lkw rutscht weg, und Michael schlägt den Mann aus der Bar nieder. Danach vermittelt er zwischen den Mayers. K.I.T.T. nimmt Schwankungen in deren Hormonspiegel wahr. Wird alles wieder gut? Zumindest gibt es einen Sonnenuntergang.

WORUM ES EIGENTLICH GEHT

Darum, dass die Welt in unseren Händen liegt. Wir können sprechende Autos bauen, also können wir ja vielleicht auch etwas Sinnvolles schaffen.

DIE LETZTE FRAGE

Dass man in ein Gerät spricht, zum Beispiel in eine Armbanduhr, und anderswo kann jemand hören, was man sagt – ist das nicht vielleicht doch ein bisschen zu abgefahren?

EIN SATZ, DEN MAN GERNE EINMAL GEHÖRT HÄTTE

»Jetzt halt endlich mal die Fresse, K.I.T.T.!«

WER *KNIGHT RIDER* MOCHTE, MOCHTE AUCH

Baywatch, Street Hawk, Transformers, Autoscooter

REMAKE

Fernsehserie *Knight Rider* (2008/09, eine Staffel)

Sinnlose Zerstörung von Dingen ★★☆☆☆
Gewaltverherrlichung ★☆☆☆☆
Badebekleidungsaufkommen ★★☆☆☆
Abwechslungsreichtum ★★☆☆☆
Kultfaktor ★★★☆☆

David Hasselhoffs drei Katzen zu *Knight Rider*-Zeiten hießen Boots, Black and Black und No Tail.

David Hasselhoff hat einer seiner Katzen den Schwanz mit einer Miniaturversion von K.I.T.T. abgefahren. Plausibel wäre, es handelte sich um die Katze namens No Tail (Kein Schwanz).

FÜR EINSTEIGER

Magnum

Originaltitel: *Magnum P.I.*
Erstausstrahlung in den USA 11.12.1980, CBS
Erstausstrahlung in Deutschland 18.06.1984, ARD
162 Episoden in 8 Staffeln zwischen 1980 und 1988
Erdacht von: Donald P. Bellisario und Glen A. Larson

HAUPTFIGUREN

Thomas Sullivan Magnum (Tom Selleck), Privatdetektiv, Vietnamveteran, guter Schwimmer, Hawaiihemdträger, Besitzer einer Gorillamaske und eines Gummihuhns, Konsument verschiedener Biere wie Düsseldorfer Alt, Sicherheitsbeauftragter für das Anwesen des dauerreisenden Schriftstellers Robin Masters.
Bester Satz: »Ich weiß genau, was Sie jetzt denken, und Sie haben Recht! Aber ...«
Jonathan Quayle Higgins III. (John Hillerman), britischer Verwalter des Masters'schen Anwesens, Herrchen der Dobermänner Zeus und Apollo, die er in frühen Episoden gelegentlich auf Magnum hetzt, Nachkomme von Richard Löwenherz, ehemaliger Sergeant Major, Kriegsveteran, Magnums Nemesis.
Bester Satz: »Zeus, Apollo, kill!«

Des Weiteren: Theodore Calvin alias TC, Vietnamveteran, Helikopterpilot. Orville Wilbur Wright III. alias Rick, Vietnamveteran, Besitzer der Bar King Kamehameha. Robin Masters, sehr erfolgreicher Schriftsteller, für den Magnum und Higgins arbeiten.

DIE IDEALTYPISCHE EPISODE (DIE ES SO NICHT GAB)

Im King Kamehameha sucht eine Dame namens Angela nach Thomas Magnum. Der flirtet gerade und kassiert eine Ohrfeige. Als Magnum der Dame vorgestellt wird, sagt sie, sie habe ihn sich besser angezogen vorgestellt. Sie erteilt ihm dennoch den Auftrag, ihren Bruder zu finden, von dem sie angenommen hatte, er sei tot, der aber nun am Flughafen von Honolulu gesehen worden sei.

Magnum findet heraus, dass der Mann auf dem Foto, das Angela ihm von ihrem Bruder gezeigt hat, in Verbindung zu einer Gruppe von Waffenschiebern steht. Magnum fährt auf Robin Masters' Anwesen, wo er von Zeus und Apollo über den Rasen gejagt wird. Er fragt Higgins, ob er etwas über die Gruppe wisse, woraufhin der ein Dossier anlegt. Magnum erhalte es aber nur, wenn er verspreche, nicht mehr über den Rasen zu laufen. Magnum verspricht es.

In seinem Häuschen trinkt er Düsseldorfer Altbier, schaut sich ein Baseballspiel an, telefoniert ein wenig und strukturiert seine Suche, die ihn schließlich mit Angela zu einem Landhaus führt. Als Magnum klopft, öffnet Angelas Bruder die Tür, erschrickt und flüchtet mit einem Cabrio. Magnum und Angela hinterher. Als sie ihn einholen, erkennt der Bruder im Rückspiegel seine Schwester, hält an, und die beiden fallen sich in die Arme. Es stellt sich heraus, dass Angelas Bruder ein V-Mann ist, der die Waffenschieber hochgehen lassen will.

Im Showdown bricht Magnum, eine Gorillamaske auf dem Kopf, in das Büro des obersten Schiebers ein, um dort Beweise zu finden – was ihm gelingt. Er wird erst entdeckt, als er bereits wegfährt. Lakaien des Waffenbosses verfolgen ihn mit Jeeps, aber hey: Ferrari. Die Ganoven werden vor Gericht gestellt.

Im King Kamehameha: Angela hat ihren Bruder wieder, Magnum trinkt Bier und wird von Angela auf die Lippen geküsst. Dann fährt er zurück auf das Anwesen und dort mit einem Fahrrad über den Rasen. Higgins lässt die Hunde los. Magnum grinst direkt in die Kamera. Abspann.

WORUM ES EIGENTLICH GEHT

Darum, dass amerikanische Entspanntheit und englischer Stil nicht zusammenpassen, es sei denn, man zieht gemeinsam in den Kampf.

DIE LETZTE FRAGE

Düsseldorfer Altbier?

EIN SATZ, DEN MAN GERNE EINMAL GEHÖRT HÄTTE

»Higgins, benehmen Sie sich!«

WER *MAGNUM* MOCHTE, MOCHTE AUCH

Hawaii Five-O, ZDF Sportreportage, Simon & Simon

Sinnlose Zerstörung von Dingen ★★☆☆☆
Gewaltverherrlichung ★★☆☆☆
Badebekleidungsaufkommen ★★★☆☆
Abwechslungsreichtum ★★★★☆
Kultfaktor ★★★★★

Thomas Magnums berühmtes rotes Jungle-Bird-Hawaiihemd hatte diverse Auftritte in weiteren Fernsehproduktionen, etwa in der Serie *Cougar Town* mit Courteney Cox.

In *Magnum* werden zwei Hemden getragen, auf denen Hot Dogs abgebildet sind. Eines trägt Magnums Partner Rick in »China Doll«, das andere die Figur Lloyd DeWitt in der Folge »The Return Of Luther Gillis«.

Robin Masters, die Figur aus *Magnum,* hat nicht nur ein Anwesen auf Hawaii, sondern auch ein Apartment in Manhattan, eine Villa auf Andros und ein Chalet in Innsbruck.

Seine erste Fahrt mit Robin Masters' Ferrari führt den Vietnamveteranen Thomas Magnum nach Pearl Harbor.

FÜR EINSTEIGER

Miami Vice

Originaltitel: *Miami Vice*
Erstausstrahlung in den USA 26.09.1982, NBC
Erstausstrahlung in Deutschland 28.08.1985, RTLplus
111 Episoden in 5 Staffeln zwischen 1984 und 1989
Erdacht von: Anthony Yerkovich, Michael Mann

HAUPTFIGUREN

James »Sonny« Crockett (Don Johnson), Detective in Miami, undercover tätig als Sonny Burnett, wohnhaft auf einem Hausboot, aufbrausend, Vater eines Sohnes, geschieden, wieder verheiratet, verwitwet, Modestil: schluffig-elegantes Pfeifen auf den Dresscode.
Bester Satz: »Ich räume meinen Schreibtisch, und dann mache ich Ihnen das Leben zur Hölle!«
Ricardo »Rico« Tubbs (Philip Michael Thomas), Detective in Miami, zugezogen aus New York, undercover tätig (u. a. als Ricardo Cooper), Vater eines Sohnes, den er seit der Ermordung von dessen Mutter nicht mehr gesehen hat, Modestil: ungebrochen selbstbewusste italienische Eleganz.
Bester Satz: »Crockett kennt nicht einmal den Unterschied zwischen Bauhaus und Hausbau.«
Des Weiteren: Martin Castillo, der Vorgesetzte, schwarze Anzüge,

vernarbtes Gesicht. Gina Calabrese und Trudy Joplin, Police Officers. Stan Switek und Larry Zito, Beschattungsspezialisten der Einheit.
Wahre Hauptrolle: Musik. Vor allem von Jan Hammer. Dazu welche von Phil Collins, Tina Turner, Bryan Ferry, The Doors, Jimi Hendrix, Lionel Richie, Peter Gabriel, Dire Straits, David Bowie, Kate Bush, Debbie Harry, Brian Eno, John Lennon, Grace Jones, Cyndi Lauper, George Benson, Run-DMC, Aretha Franklin u.v.a.

DIE IDEALTYPISCHE EPISODE (DIE ES SO NICHT GAB)

Ein Rollschuhfahrer fährt an einer pastellgrünen Wand entlang. Dann erreicht er den Strand. Er dreht eine Pirouette. Noch eine. Und noch eine. Und dann noch eine. Dazu Musik von Phil Collins. Schnitt: Im Ferrari sitzen Crockett und Tubbs und beobachten ihn mit Ferngläsern. Crockett: »Schau dir den Kerl an.« Tubbs: »Jetzt macht er gleich seinen Deal.«

Wenig später haben sie ihn festgenommen, und Crockett droht, ihm seine Zähne einzeln in die Milz zu rammen, woraufhin der kleine Dealer den Namen des großen Dealers ausspuckt – ein bisschen Blut ist auch dabei. Auf der Yacht des großen Dealers findet eine Party statt, man trägt Bikini. Tubbs, frisch eingekleidet: »Hier ist genug erstklassiges Fleisch, um einen Grill aufzufüllen.« Crockett gibt einer Frau Feuer, sie berührt seine Hand und fragt: »Kann ich Ihnen etwas holen?« Er: »Überbrückungskabel. Für mein Herz.« Die Frau heißt zum Beispiel Angelique.

Crockett und Tubbs wollen den Dealer bewegen, ihnen Unmengen an Kokain zu verkaufen. Als er zustimmt, ziehen sie ihre Polizeimarken, woraufhin die Männer des Dealers ihre Waffen ziehen, woraufhin Crockett andeutet, dass der Kampf nicht vorbei sei, und mit Tubbs abzieht. Schnitt, Ortswechsel. Crockett mit Angelique in weißer Seidenbettwäsche.

Der Rest in Kürze: Angelique, die sich vom Dealer Sprüche anhören muss wie: »Leg dich mal in die Sonne, du siehst aus wie eine Leiche«, wechselt die Seiten und gibt Crockett den entscheidenden Tipp, wie er den Dealer hochnehmen kann.

Im Showdown nehmen Tubbs und Crockett den Dealer fest, aber natürlich war der Spruch mit der Leiche weniger Gegenwartsbeschreibung als Zukunftsprognose: Eine Kugel trifft Angelique zu pastellgrünen Synthesizerklängen tödlich.

WORUM ES EIGENTLICH GEHT
Darum, dass die Welt zu schlecht ist, als dass zwei Sportwagenfahrer sie einfach mal so grundlegend verbessern könnten.

DIE LETZTE FRAGE
Die Mode in *Miami Vice* war mal modern, ist wohl so. Aber gilt das wirklich auch für den Rest der achtziger Jahre?

EIN SATZ, DEN MAN GERNE EINMAL GEHÖRT HÄTTE
»Die Sonne scheint, die Menschen sind gut, das Leben ist schön.«

WER *MIAMI VICE* MOCHTE, MOCHTE AUCH
MTV

REMAKE
Miami Vice (2006)

Sinnlose Zerstörung von Dingen ★★☆☆☆
Gewaltverherrlichung ★★☆☆☆
Badebekleidungsaufkommen ★★★★☆
Abwechslungsreichtum ★★★★☆
Kultfaktor ★★★★★

Jodie Tillen, die Kostümbildnerin der ersten Staffel von *Miami Vice*, bewahrte Sonny Crocketts T-Shirts nicht auf Kleiderbügeln oder als Stapel, sondern als Haufen auf – weil sie nur so den richtigen »Gibt's noch irgendwo ein sauberes T-Shirt?«-Schluffilook bekämen, wie sie sagte.

Don Johnson spielte in mehreren gescheiterten Pilotfilmen mit, etwa *The City*, was beinahe dazu führte, dass er die Rolle in *Miami Vice* nicht bekommen hätte.

In *Miami Vice* sind sogar die Hot-Dog-Buden pastellfarben gestrichen.

FÜR EINSTEIGER

Remington Steele

Originaltitel: *Remington Steele*
Erstausstrahlung in den USA 01.10.1982, NBC
Erstausstrahlung in Deutschland 05.08.1985, ARD
94 Episoden in 5 Staffeln zwischen 1982 und 1987
Erdacht von: Robert Butler, Michael Gleason

CLAIM

»Darf ich Ihnen unter dem Siegel der Verschwiegenheit etwas verraten? Der berühmte Detektiv Remington Steele existiert nicht. Ich habe ihn erfunden! Einen eindeutig männlichen Chef. Und plötzlich bekomme ich Aufträge.«

HAUPTFIGUREN

Laura Holt (Stephanie Zimbalist), Detektivin, die wegen Misserfolgs einen männlichen Chef erfindet, nach dem sie ihre Agentur benennt – Remington Steele. Bald findet sich bekanntlich jemand, der in dessen Rolle schlüpft.
Bester Satz: »Wo ist Steele? Der kann was erleben, dieser Schwindler.«
Remington Steele (Pierce Brosnan), er ist dieser Jemand; Kenner alter Filme, Besitzer diverser Pässe, Detektiv, der sich ins gemachte

Nest setzt. Möglicher echter Name: Harry. Aufgewachsen unter schwierigen Bedingungen. Am Ende erfährt er, wer sein Vater ist – der im Lauf der Serie immer wieder auftauchende Daniel Chalmers. Bester Satz: »›Wer bist du? Woher kommst du?‹ Humphrey Bogart zu Ingrid Bergman, Casablanca, Warner Brothers 1942.«
Mildred Krebs (Doris Roberts), computeraffine ältere Dame mit schauspielerischen Fähigkeiten, ehemals bei der Steuer, nun Sekretärin der Detektei mit Hang zur detektivischen Mitarbeit.
Bester Satz: »Oh, Mr. Steele, wenn ich beim Finanzamt diese Ausrüstung gehabt hätte, mein Gott, hätte ich da Steuern rausgequetscht.«
Des Weiteren: Daniel Chalmers (Efrem Zimbalist junior), Harrys (also Remington Steeles) Ziehvater, Freund und früherer Partner, der die Verwirrung um Steeles echte Identität deutlich vergrößert. In frühen Folgen Murphy Michaels (Detektiv) und Bernice Fox (Sekretärin, von Steele gerne Wulf genannt).

DIE IDEALTYPISCHE EPISODE (DIE ES SO NICHT GAB)

Laura Holt und Remington Steele besuchen das Kostümfest einer Klientin. Steele kommt als Sherlock Holmes, für Laura hat er ein Bunnykostüm organisiert.

Beim Empfang fällt ein Kinovorführer aus dem Fenster. Mord. Die Detektei Steele ermittelt. Steele schaut sich die Filme an, die der Tote zuletzt vorgeführt hat, und stellt fest, dass neben Humphrey-Bogart- und William-Powell-Filmen auch ein japanischer Kampfkunstfilm darunter war. Da passt was nicht, denkt Steele und bemerkt dank seiner Filmkenntnisse, dass in den besagten asiatischen Film eine Szene hineingeschnitten wurde, die in einem Juwelierladen in Los Angeles spielt. Steele zitiert den *Rosaroten Panther* und ermittelt, dass der tote Kinovorführer gewusst haben muss, dass der Juwelier einen gestohlenen Diamanten versetzen wollte. Womöglich schnitt er die Szene in den Film, um den Juwelier zu erpressen, nach dem Motto: Schau her, Ganove, ich weiß, was du getan hast!

Der Juwelier ist damit der Mordverdächtige. Der Kinovorführer hatte nämlich eine Affäre mit der Frau des Juweliers, die ihren Mann hochgehen lassen wollte, um mit dem Vorführer zusammen sein zu können. Steele zitiert daraufhin die Originalversion von *Thomas Crown ist nicht zu fassen* und kommt so auf die Idee, dass alles viel komplizierter ist: Die Frau spielt ein doppeltes Spiel.

Bei einem Dinner, zu dem Laura und Steele den Juwelier, seine Frau und vier Dutzend weitere Halbverdächtige einladen, kommt die Wahrheit ans Licht (wie in *Mordsache Dünner Mann* mit William Powell und Myrna Loy): Es war der Großonkel des Gärtners.

WORUM ES EIGENTLICH GEHT

Darum, dass Männer, die als Kind Sozialfälle waren, am liebsten immer Smoking tragen würden.

DIE LETZTE FRAGE

Wie heißt Harry alias Remington Steele denn nun mit Nachnamen?

EIN SATZ, DEN MAN GERNE EINMAL GEHÖRT HÄTTE

»Über den Fall, den wir hier zu lösen haben, wurde noch kein einziger Film gedreht.«

WER *REMINGTON STEELE* MOCHTE, MOCHTE AUCH

Die *Thin Man*-Filme mit William Powell und Myrna Loy; *Leoparden küsst man nicht* mit Cary Grant und Katharine Hepburn; Slapstick- und Screwballkomödien

Sinnlose Zerstörung von Dingen ★☆☆☆☆
Gewaltverherrlichung ★☆☆☆☆
Badebekleidungsaufkommen ★☆☆☆☆
Abwechslungsreichtum ★★★☆☆
Kultfaktor ★★★★★

In der ersten Folge von *Remington Steele* hält Pierce Brosnan den Detektiv Murphy Michaels für Remington Steele und Laura Holt für eine seiner Sekretärinnen.

Die Idee zu *Remington Steele* entstand schon 1969 – als Serie mit einer Detektivin ohne männliche Hilfe.

FÜR EINSTEIGER

MacGyver

Originaltitel: *MacGyver*
Erstausstrahlung in den USA 29.09.1985, ABC
Erstausstrahlung in Deutschland 29.08.1987, Sat.1
139 Episoden in 7 Staffeln zwischen 1985 und 1992
Erdacht von: Lee David Zlotoff

HAUPTFIGUREN

Angus MacGyver (Richard Dean Anderson), freischaffender Geheimagent, Wissenschaftler, Entfesselungskünstler, ausgerüstet mit seinem Schweizer Taschenmesser und einer Rolle Klebeband.
Bester Satz: »Eine Büroklammer kann eine wunderbare Sache sein.«
Pete Thornton (Dana Elcar), MacGyvers Auftraggeber und väterlicher Freund, Leiter der Forschungseinrichtung und Geheimdienstorganisation namens Phoenix Foundation, erblindet im Lauf der Serie (so wie Dana Elcar im wirklichen Leben).
Bester Satz: »Bist du sicher, dass das funktioniert?«
Des Weiteren: Jack Dalton, Pilot und alter Freund MacGyvers, mit dem Talent, sich in Schwierigkeiten zu bringen; Penny Parker, Möchtegern-Showgröße, hat dasselbe Talent; Harry Jackson, MacGyvers Opa; Murdoc, MacGyvers Erzrivale und begnadeter Profikiller vom

Syndikat HIT (»Homicide International Trust« / »Heimtückisch International Töten«).

DIE IDEALTYPISCHE EPISODE (DIE ES SO NICHT GAB)

Angus MacGyver hat einen Mikrofilm sichergestellt und wird von sowjetischen Agenten gejagt. Oberhalb der Baumgrenze gehen ihm die Verstecke aus, und so schnitzt er sich mit seinem Taschenmesser ein Flugzeug, dessen Flügel aus zwei Plastiktüten bestehen, die er zufällig dabeihat. Damit fliegt er davon.

Schnitt. Nun beginnt die eigentliche Handlung. MacGyver soll auf Geheiß der Phoenix Foundation herausfinden, ob hohe Angestellte der als ehrbar geltenden Firma Pharmwood im Auftrag einer anderen Regierung arbeiten – Pete Thornton meint, es gebe Kontakte nach Indien, in eine Region nahe der Grenze zum bitterarmen, sozialistischen Waladschistan. Da es oberhalb der Baumgrenze doch eher frisch war, fühlt sich MayGyver leider elend. Im Supermarkt will er sich einen Kräutertee holen, um ihn mit Essig, Zimt und nepalesischem Müffelziegenhaarextrakt zu einem Superheilmittel zu verrühren, da sieht er einen Mann mit einem Pharmwood-Aufnäher am Jackett, wie er 20 Paletten Frostschutzmittel kauft. Eine Spur!

MacGyver folgt dem Typen, der ihn direkt ins Hauptquartier führt. Es handelt sich natürlich nicht um die Firmenzentrale, die ist ja nur Fassade, sondern um einen kleinen Verschlag in den Wäldern. Hier belauscht MacGyver eine Besprechung und erfährt, dass Pharmwood in Waladschistan Medikamentenversuche durchführt. Dabei wurde dummerweise ein Dorfbrunnen vergiftet, und Pharmwood will das nun durch die Zugabe von Frostschutzmittel vertuschen. Dummerweise ist MacGyver aber bekanntlich erkältet und muss niesen. Er wird entdeckt und in einen leeren unterirdischen Lagerraum gesperrt.

Leer? Ha! Zufällig liegt ein Tennisschläger herum, den MacGyver, nachdem er sich mithilfe eines Joghurtbechers und einer Büroklammer von seinen eisernen Fesseln befreit hat, als Schraubenschlüssel einsetzt, um die Klappe eines Lüftungsschachts zu öffnen. Er klettert darin nach oben und betäubt die Pharmwood-Bande mit einer in Parfüm getränkten Bananenschale – extrem betäubend, wie MacGyver aus dem Off mitteilt. Die Schurken fallen in Tiefschlaf, und MacGyver enteilt nach Washington. Die Pharmwood-Chefs werden ihrer gerechten Strafe zugeführt.

WORUM ES EIGENTLICH GEHT

Darum, dass man Streit auch ohne Schusswaffen austragen kann. Man kann seine Feinde stattdessen auch mit Elektroschocks, Giftpfeilen und Schlangenbissen malträtieren.

DIE LETZTE FRAGE

Was genau hat MacGyver studiert?

EIN SATZ, DEN MAN GERNE EINMAL GEHÖRT HÄTTE

»Wenn man einmal ein Taschenmesser braucht, hat man's natürlich nicht dabei.«

WER *MACGYVER* MOCHTE, MOCHTE AUCH

Die Knoff-Hoff-Show, Hobbythek

Sinnlose Zerstörung von Dingen ★★☆☆☆
Gewaltverherrlichung ★★☆☆☆
Badebekleidungsaufkommen ★☆☆☆☆
Abwechslungsreichtum ★★☆☆☆
Kultfaktor ★★★★☆

MacGyvers Vorname Angus wurde erst in der siebten Staffel (d.h. also bereits in den Neunzigern) verraten. Angeblich hatte Richard Dean Anderson ihn bei einer Wohltätigkeitsveranstaltung im kanadischen Vancouver auf einem Transparent gelesen und den Produzenten vorgeschlagen.

Die berühmte braune Lederjacke ist ein »G2 Raider Flight Jackett« der französischen Marke Charles Chevignon.

MacGyver wurde von Arthur »Fonzie« Fonzarelli produziert. Oder jedenfalls von Henry Winkler, der die Rolle in *Happy Days* gespielt hat.

FÜR EINSTEIGER

Hart aber herzlich

Originaltitel: *Hart To Hart*
Erstausstrahlung in den USA 25.08.1979, ABC
Erstausstrahlung in Deutschland 20.10.1983, ARD
110 Episoden in 5 Staffeln zwischen 1979 und 1984
Erdacht von: Sidney Sheldon

CLAIM

»Ihr Hobby ist mörderisch.«

HAUPTFIGUREN

Jonathan Hart (Robert Wagner), Multimillionär, Industriekapitän, Jet-Set-Größe und Hobby-Detektiv.
Bester Satz: »Aufregung. Romantik. Deshalb haben wir doch mal geheiratet.«
Jennifer Hart (Stefanie Powers), Journalistin, Buchautorin, liebende Ehefrau und Hobby-Detektivin.
Bester Satz: »Vielleicht sollten wir jetzt doch mal daran denken, in Ruhe alt zu werden.«
Max (Lionel Stander), Butler, Koch, Haushälter, Leibwächter, Dogsitter, gute Seele im Hause Hart.
Bester Satz: »Sehen Sie sich das an. Friedwart hat nichts gefressen.«

Friedwart (im Original: Freeway), den Harts in Bayreuth zugelaufener Hund (im Original haben sie ihn an einem Freeway gefunden). Bester Satz: »Wuff.«

DIE IDEALTYPISCHE EPISODE (DIE ES SO NICHT GAB)

Jennifer sieht wieder umwerfend aus, was Jonathan ihr auch mitteilt, während sie im Privatjet frischen Hummer und Champagner genießen. Die Harts kommen vom Skifahren in St. Moritz zurück, wo sie ein Wohltätigkeitsrennen für Waisenkinder veranstaltet haben. (Jonathan hat den Slalomwettbewerb gegen Willy Bogner gewonnen, aber das nur nebenbei.) Max holt sie auf dem Flugfeld ab. Hund Friedwart ist auch dabei, er trägt eine Chauffeursmütze.

Als sie am Wagen sind, erwartet sie eine böse Überraschung: Ein anderes Auto hat den Rolls-Royce übel verdellt. Die Unfallfahrerin, eine nette ältere Dame, ist untröstlich und schlägt vor, den Wagen in der Werkstatt ihres Sohnes reparieren zu lassen. Jonathan besteht zunächst auf einer professionellen Reparatur, aber Jennifer lässt sich erweichen. »Die nette Dame meint es doch gut«, sagt sie, woraufhin Jonathan erwidert: »Du siehst umwerfend aus.« Was bedeutet, dass er zustimmt.

Was die Harts nicht ahnen: Es handelt sich um eine Falle von Dick Hawthorne, der einmal der Chefeinkäufer von Jonathans Kaufhauskette war, aber wegen Unterschlagung entlassen wurde. Seither will Hawthorne Rache an Jonathan nehmen. Die Unfallfahrerin ist Hawthornes Mutter. Die Hawthornes bauen in den Rolls-Royce der Harts nun eine Schleuderrückbank ein, die aktiviert wird, sobald sich mindestens zwei Personen darauf niederlassen. Währenddessen bereitet Max in einer neuen Schürze (Aufschrift: »Eggs by Max«) für die Harts schöne Omeletts zu. Jonathan schlägt während des Abendessens vor, mit Jennifer Fallschirm springen zu gehen, denn in ihrer Gegenwart fühle er sich »so schwerelos«.

Max will sie also tags darauf mit dem Rolls-Royce zum Privat-Hubschrauber fahren, doch als sich Jennifer und Jonathan auf der Rückbank niederlassen, werden sie durch das (natürlich offene) Verdeck hinauskatapultiert. Da Jonathan seinen Fallschirm in der Hand hat, ist das halb so schlimm – in 800 Metern Höhe legt er ihn an, greift sich Jennifer, öffnet den Schirm und macht ihr, während die beiden sanft hinabgleiten, Komplimente für ihr tolles Aussehen. Nach einer harmonischen Erörterung des weiteren Vorgehens steuert er direkt auf die Reparaturwerkstatt zu, wo er Hawthorne in einem kurzen, aber eleganten Faustkampf überwältigt, während Jennifer die Mutti in Schach hält.

Schnitt. Max kocht Coq au vin für alle (Schürzenaufschrift: »Coq by Cook«). Jonathan macht Jennifer schöne Augen. Einfach toll.

WORUM ES EIGENTLICH GEHT

Darum, dass viel Geld und eine hohe Kriminalitätsrate die Grundlage jeder glücklichen Ehe sind.

DIE LETZTE FRAGE

Was muss eigentlich passieren, damit Jennifers Dauerwelle mal durcheinandergerät?

EIN SATZ, DEN MAN GERNE EINMAL GEHÖRT HÄTTE

»Jonathan, können wir uns das wirklich leisten?«

WER *HART ABER HERZLICH* MOCHTE, MOCHTE AUCH

Falcon Crest, Columbo

REMAKE

Acht Reunion-Folgen in den neunziger Jahren.

Sinnlose Zerstörung von Dingen ★★☆☆☆
Gewaltverherrlichung ★☆☆☆☆
Badebekleidungsaufkommen ★☆☆☆☆
Abwechslungsreichtum ★★★☆☆
Kultfaktor ★★★★★

Hart aber herzlich sollte im ursprünglichen Skript *Double Twist* heißen. Jonathan und Jennifer Hart hätten dann die Namen Alex und Penelope Twist getragen.

FÜR EINSTEIGER

Trio mit vier Fäusten

Originaltitel: *Riptide*
Erstausstrahlung in den USA 03.01.1984, NBC
Erstausstrahlung in Deutschland 27.06.1985, ZDF
56 Episoden in 3 Staffeln zwischen 1984 und 1986
Erdacht von: Stephen J. Cannell und Frank Lupo

HAUPTFIGUREN

Cody Allen (Perry King), Vietnamveteran, Schwerenöter, Eigentümer der Yacht Riptide am Pier 56 im Hafen von King Harbor, betreibt auf ihr mit seinem Kumpel Nick eine Detektei.
Bester Satz: »Ich glaube, sie mag mich.«
Nick Ryder (Joe Penny), Vietnamveteran, Schwerenöter, Eigentümer des altersschwachen Hubschraubers Screaming Mimi, um nicht allein mit Touristenrundflügen seinen Lebensunterhalt bestreiten zu müssen, ist er gemeinsam mit Cody als Privatdetektiv unterwegs.
Bester Satz: »Cody, diese Frau macht jeden an, der eine Hose anhat.«
Murray »Boz« Bozinsky (Thom Bray), Computergenie, Spieleentwickler, mit Nick und Cody seit gemeinsamen Armeezeiten befreundet, schließt sich im Pilotfilm den beiden als Technikexperte an.
Bester Satz: »Genau wie geplant, ich bleibe hier draußen und sichere den Ausgang.«

Des Weiteren: Roboz, von Murray entwickelter, orangener Roboter und unentbehrliches Helferlein; Lieutenant Quinlan, stets übellauniger Polizist mit Hassliebe zur Riptide-Besatzung, nach seinem Serientod ersetzt durch die umgänglichere (und hübschere) Lieutenant Parisi; Kirk Dooley, etwas zu blauäugiger Surferbursche mit Herz auf dem rechten Fleck; Mama Jo, Skipperin und wachhabender Zerberus auf ihrem Segelschiff, dessen Besatzung nur aus Playmates zu bestehen scheint.

DIE IDEALTYPISCHE EPISODE (DIE ES SO NICHT GAB)

Nick führt die hübsche Sandy zum Essen aus. Cody ist eifersüchtig, da er mal wieder solo ist. Doch aus dem romantischen Abend wird nichts, denn später auf der Riptide wird Sandy so übel, dass sie ins Krankenhaus muss. Fischvergiftung! Cody macht einen hämischen Witz, er kann es sich schließlich erlauben. Noch während sie im Krankenhaus warten, werden dort immer mehr Patienten mit den gleichen Symptomen eingeliefert. Alle hatten Garnelen gegessen, aber in verschiedenen Restaurants.

Auf der Riptide analysiert Murray per Computer Zeitungsmeldungen über King Harbors Gastronomie und findet heraus: Alle von der Fischvergiftung betroffenen Lokale wurden vom Fischereikonzern Kingfisher's beliefert. Nick und Cody besuchen die Firmenzentrale und wollen Eigentümer Fisher sprechen, aber der Sicherheitsdienst setzt sie rüde vor die Tür. Am nächsten Tag steht Lieutenant Quinlan bei ihnen auf der Matte und warnt sie, bei Kingfisher's ja keinen Ärger zu machen. Fisher ist in King Harbor politisch bestens vernetzt und wird »von ganz oben« beschützt.

Die Riptide-Detektive aber kehren als Elektriker getarnt zurück. Murray zapft den Kingfisher's-Zentralcomputer an. Er sendet alle Akten über die Garnelenproduktion per Telefonleitung an die Riptide, wo Roboz sie ausdruckt. Zurück auf dem Boot geht das Trio die Ausdrucke durch und erkennt: Auf einem Kingfisher's-Trawler ist ein ganzer Garnelenfang verunreinigt worden, aber Fisher gab Anweisung, die Garnelen dennoch auszuliefern. Straftat. Da stürmt eine Truppe bewaffneter Männer das Boot. Kingfisher's Sicherheitschef war ihnen heimlich gefolgt. Jetzt müsse man die Zeugen leider aus dem Weg räumen. Doch plötzlich meldet sich Lieutenant Quinlan über Megafon. Die Riptide ist umstellt, Quinlan hatte die Jungs observieren lassen - der Ukas von oben ging auch ihm gegen den Strich.

Nick kann Sandy zum zweiten Date ausführen. Cody schaut belämmert. Abspann.

WORUM ES EIGENTLICH GEHT

Darum, dass einfach mehr Zeit bleibt, Frauen hinterherzusteigen, wenn der Nerd die Arbeit macht.

DIE LETZTE FRAGE

Wieso lässt sich Murray in all den Jahren nicht irgendwann mal die Brille reparieren?

EIN SATZ, DEN MAN GERNE EINMAL GEHÖRT HÄTTE

»Das Druckerpapier ist alle, Murray.«

WER *TRIO MIT VIER FÄUSTEN* MOCHTE, MOCHTE AUCH

Tutti Frutti, WDR Computerclub

Sinnlose Zerstörung von Dingen ★★☆☆☆
Gewaltverherrlichung ★☆☆☆☆
Badebekleidungsaufkommen ★★★★★
Abwechslungsreichtum ★★★☆☆
Kultfaktor ★★★☆☆

Etwas unklar ist, wann sich das Trio mit vier Fäusten kennengelernt hat. Sicher ist nur, dass Nick und Cody als Militärpolizisten Murray unter Arrest nehmen mussten. Im Piloten von 1984 heißt es, das sei vor acht Jahren gewesen, was hieße 1976. In der Folge »Geheimmission Bozinsky« von 1985 wird von einer Sache »vor sieben Jahren« gesprochen, was hieße 1978. In der gleichen Episode ist in einer Rückblende eine Zeitung mit der Schlagzeile »Ford begnadigt Nixon« zu sehen. Das geschah 1974.

FÜR EINSTEIGER

Agentin mit Herz

Originaltitel: *Scarecrow and Mrs. King*
Erstausstrahlung in den USA 03.10.1983, CBS
Erstausstrahlung in Deutschland 23.06.1986, ZDF
88 Episoden in 4 Staffeln zwischen 1983 und 1987
Erdacht von: Brad Buckner, Eugenie Ross-Leming

HAUPTFIGUREN

Amanda King (Kate Jackson), Hausfrau, Mutter zweier Söhne, Tochter, geschieden. Nachdem Agent Lee Stetson sie auf einem Bahnsteig um Hilfe gebeten und sie so unverhofft in einen Spionagefall verwickelt hat, rettet Amanda ihn und wird schließlich als Teilzeit-Agentin angestellt, während sie daheim weiter die Hausfrau, Mutter zweier Söhne und Tochter spielt.
Bester Satz: »Gibt es einen Metzger in der Gegend um den Geheimdienst?«
Lee Stetson (Bruce Boxleitner), Agent, der Amanda in ihre Arbeit einweist, erst widerwillig ist, sich aber dann in sie verliebt und sie in der letzten Staffel heiratet. Was nur ihre Familie nicht wissen darf. Wegen der Sicherheit. Und für die schöne Pointe.
Bester Satz: »Du lügst und betrügst, das ist in Ordnung. Du arbeitest für die Regierung.«

Des Weiteren: Amandas gelegentlich nervige, aber meist hilfreiche Mutter Dotty; Amandas Söhne Jamie und Philip; Amandas Ex-Mann Joe; Lees grummeliger aber gütiger Chef Billy Melrose und seine etwas eifersüchtige Kollegin Francine Desmond.

DIE IDEALTYPISCHE EPISODE (DIE ES SO NICHT GAB)

Ein pensionierter Geheimagent, einst für die US-Regierung im allseits bekannten Land Lamoria tätig, hat eine Karte an den Washingtoner Geheimdienst geschickt. Darauf steht »Merry Christmas!«, man will ja nicht mit seinen Geheiminformationen ins Haus fallen. Klein darunter stehen Name und Adresse eines Fernsehreparaturdienstes in der Lion Street. Der Ex-Agent selbst ist allerdings verschwunden. Lee und Amanda sollen ihn finden.

Amanda hat dummerweise ein viel größeres Problem: Wenn sie ihren Fernseher einschaltet, ist nichts zu sehen. Ihre Söhne sind genervt. Lee verspricht, später einen Geheimdienst-Techniker zu schicken. Amanda: »Aber nicht erst nach dem Abendessen, da läuft die Lieblings-Kochsendung meiner Mutter!« Der Techniker (der erst nach dem Abendessen kommt) stellt fest, dass der Fernseher manipuliert wurde: Er zeigt nicht etwa nichts, sondern das Bild einer weißen Wand. Lee vermutet, dass jemand eine Botschaft übermitteln will. Amanda zieht mit dem Fernsehgerät für eine Nacht zu Lee; zu den Kindern und Dotty sagt sie, sie müsse kurz nach, äh, Oklahoma auf eine Tuppermesse. »Nachts?«, fragt Dotty. Und Amanda: »Äh, ja, das liegt im Trend.«

Um 2.13 Uhr erscheint auf dem Fernsehschirm eine Gestalt, die vor der weißen Wand ein Pappschild hochhält, auf dem steht: »Airomal gam Akdow.« Während Lee die komplexe Nachricht zu entschlüsseln versucht, liest Amanda die Wörter einfach rückwärts: »Lamoria mag Wodka.« Was bedeutet, dass Lamoria mit den Russen kooperiert. Hui, findet Amanda.

Am Morgen danach wird Amanda entführt und in ein Wodkalager eingesperrt – natürlich vom lamorischen Geheimdienst, der annimmt, nur sie wisse von der Kooperation mit Russland. Lee geht ein Licht auf, als er im Fernsehen eine Wodka-Werbung sieht, in der ein Kätzchen zu sehen ist. Wodka! Fernseher! Lion Street! Er fährt zum Wodkalager in der Lion Street, das Lamoria als eine Art Undiplomatische Vertretung dient, und rettet Amanda vor einer auf sie zufahrenden Kreissäge, indem er den Stecker rauszieht. »Hui«, sagt Amanda. Dann muss sie ganz schnell nach Hause.

Lee meldet die lamorisch-russische Zusammenarbeit seinem Chef, der die notwendigen Schritte einleitet, um sie zu Amerikas Bestem zu unterbinden. Amanda feiert derweil Kindergeburtstag. Es gibt Torte. Selbst gebacken.

WORUM ES EIGENTLICH GEHT

Darum, dass sich Karriere und Privatleben für Frauen gut vereinbaren lassen. Man braucht einfach nur genug Geld, Zeit und Omas dafür.

DIE LETZTE FRAGE

Amanda und Lee heiraten? Findet noch jemand, dass das ein bescheuertes Ende ist?

EIN SATZ, DEN MAN GERNE EINMAL GEHÖRT HÄTTE

»Moskau, Moskau / Wirf die Gläser an die Wand / Russland ist ein schönes Land / Ho ho ho ho ho.«

WER *AGENTIN MIT HERZ* MOCHTE, MOCHTE AUCH

Tagesschau, Diplomaten küsst man nicht, Was die Großmutter noch wusste

Sinnlose Zerstörung von Dingen ★★☆☆☆
Gewaltverherrlichung ★☆☆☆☆
Badebekleidungsaufkommen ★☆☆☆☆
Abwechslungsreichtum ★★★☆☆
Kultfaktor ★★★☆☆

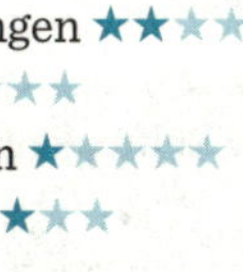

Amanda, die *Agentin mit Herz*, schafft an der Schreibmaschine 90 Anschläge pro Minute. Wenn es sein muss.

FÜR EINSTEIGER

Simon & Simon

Originaltitel: *Simon & Simon*
Erstausstrahlung in den USA 24.11.1981, CBS
Erstausstrahlung in Deutschland 06.01.1986, ARD
157 Episoden (davon 135 in Deutschland gezeigt) in 8 Staffeln zwischen 1981 und 1989
Erdacht von: Philip DeGuere

HAUPTFIGUREN

A. J. Simon (Jameson Parker), Ricks jüngerer Bruder, Privatdetektiv, gut frisierter Traum jeder Schwiegermutter, smart, charmant, ordentlich.
Bester Satz: »Manchmal frage ich mich, ob ich wirklich dein Bruder bin.«
Rick Simon (Gerald McRaney), A. J.'s älterer Bruder, ebenfalls Privatdetektiv, Vietnamveteran, Cowboyhutträger, latentes Raubein und unangepasster Kerl.
Bester Satz: »Nun, Mum sagt, du bist es nicht.«
Cecilia Simon (Mary Carver), Mutter der beiden, reizende ältere Dame, gelegentlich streng, aber immer liebevoll; wird von den beiden vergöttert; hält nicht viel vom Detektivdasein, aber hilft ihnen doch immer wieder bei der Mördersuche.

Bester Satz: »Auf meine Söhne, die schmutzigsten Detektive von San Diego!«

Des Weiteren: Lieutenant Marcel Proust »Downtown« Brown, Kriminalpolizist und guter Freund der Simons, in dessen Büro sie ein- und ausgehen; Lieutenant Abigail Marsh, die Brown später ablöst und die Simons lieber auf Distanz hält; Myron Fowler, erfolgreicher Betreiber einer Großdetektei, ehemaliger Boss von A. J. und Rivale in den frühen Folgen; Janet Fowler, dessen Tochter mit einer gewissen Schwäche für die Simon-Brüder.

DIE IDEALTYPISCHE EPISODE (DIE ES SO NICHT GAB)

Dicke Luft. Die beiden Brüder zoffen sich: Rick hat einen Mandanten vergrault, schuldet aber A. J. noch 400 Dollar. Da schneit die attraktive Ellen Gardener herein. Die Frau eines bekannten Zahnarztes verdächtigt ihren Mann fremdzugehen. Die Brüder sollen ihren Gatten beschatten und ihr Beweise seiner Untreue liefern. Rick findet solche Aufträge zwar furchtbar, aber Geld muss in die Kasse. Verkleidet als, natürlich, Gärtner observieren die beiden Dr. Gardener einige Tage lang, können aber keine Anzeichen für eine Affäre finden. Doch da! Als sie schon aufgeben wollen, sehen sie, wie er beim Verlassen der Praxis seiner Sprechstundenhilfe Nancy einen Kuss gibt. Sie schießen Fotos, und übergeben sie am nächsten Tag seiner Frau. Die bedankt sich, zahlt sofort bar und verschwindet.

Einen Tag später der Schock: Dr. Gardener ist tot, offenbar Selbstmord. Diesmal als Friedhofsgärtner getarnt schauen Rick und A. J. bei der Beerdigung vorbei und sehen Ellen Gardener am Ausgang des Friedhofs in Nancys Auto steigen. Sie folgen den beiden zu einer Villa. Während sie das Haus beobachten, fällt Rick ein Gärtner auf, der ihm bekannt vorkommt. Es ist Lieutenant Brown, der in Verkleidung ebenfalls das Haus observiert. Der Besitzer der Villa ist nämlich Stan Capucci, ein berüchtigter Drogenboss, den die Polizei schon lange überführen will.

Schnitt. Endlich darf auch Mutter mitspielen. Sie muss ihnen helfen, an die Sprechstundenhilfe heranzukommen. Cecilia soll sich bei Gardeners Nachfolger die Zähne untersuchen lassen, A. J. begleitet sie in genialer Verkleidung als ihr mexikanischer Gärtner. Während Cecilia einen Schwächeanfall vortäuscht, um die Arzthelferin abzulenken, sucht A. J. nach dem Morphinbuch der Praxis – und findet rasch den Beleg: Nancy und Ellen Gardener bestellten über die Praxis große Mengen Morphium, die sie gemeinsam an Capucci verkauften. Ellens Mann, Nancys Chef, war ihnen auf die Spur gekommen und wurde deswegen getötet. Die Fotos von der Affäre sollten ein plausibles Motiv für einen Selbstmord liefern.

Downtown Brown nimmt die beiden Frauen und Stan Capucci fest. Und die Simons dürfen Ellen Gardeners Honorar behalten. Das heißt, natürlich nur A. J., Rick hat ja noch Schulden bei ihm. Und so endet alles mit einem schönen kleinen Krach.

WORUM ES EIGENTLICH GEHT
Darum, dass Blut dicker ist als Wasser.

DIE LETZTE FRAGE
Wird Cecilia denn niemals Enkel haben?

EIN SATZ, DEN MAN GERNE EINMAL GEHÖRT HÄTTE
»Die Rolle nimmt mir doch keiner ab, A. J.«

WER *SIMON & SIMON* MOCHTE, MOCHTE AUCH
Die *Tatorte* mit Schimanski

Sinnlose Zerstörung von Dingen ★★★☆☆
Gewaltverherrlichung ★★☆☆☆
Badebekleidungsaufkommen ★★☆☆☆
Abwechslungsreichtum ★★★★☆
Kultfaktor ★★★★☆

Das futuristische Gebäude, an dessen Fenster die Brüder Simon am Anfang des Vorspanns zu *Simon & Simon* stehen, ist die Geisel Library der University of California in San Diego.

FÜR EINSTEIGER

Airwolf

Originaltitel: *Airwolf*
Erstausstrahlung in den USA 22.01.1984, CBS
Erstausstrahlung in Deutschland 22.04.1986, Sat.1
79 Episoden in 4 Staffeln zwischen 1984 und 1987
Erdacht von: Donald P. Bellisario

HAUPTFIGUREN

Huckleberry (im Original: Stringfellow) Hawke (Jan-Michael Vincent), Vietnamveteran, Einsiedler und Airwolf-Pilot.
Bester Satz: »Ich will nicht Archangels Namen hören!«
Dominic »Dom« Santini (Ernest Borgnine), Ziehvater von Hawke, Besitzer der Flugfirma Santini Air, Waffentechniker an Bord des Airwolfs.
Bester Satz: »Mir ist der Gedanke genauso verhasst wie dir, aber wir brauchen Archangel dafür!«
Michael »Archangel« Coldsmith-Briggs III (Alex Cord), stellvertretender Direktor der »Firma«, der Geheimdienstabteilung, die den Airwolf entwickelt hat, halb Gegner, halb Partner der Airwolf-Crew.
Bester Satz: »Wenn ich Ihnen zuhöre, habe ich immer das Gefühl, dass es mich irgendwie in einen miesen Film verschlagen hat.«

Des Weiteren: Caitlin O'Shannessy, Pilotin, ehemals bei der Texas Highway Patrol, ab der zweiten Staffel das weibliche Gesicht der Serie; Dr. Charles Henry Moffet, genialer, leider auch wahnsinniger Erfinder des Airwolfs, der im Pilotfilm seine Schöpfung entführt und von Hawke zur Strecke gebracht wird, später aber noch aus dem Grab für Ärger sorgt; Saint John Hawke, lange in Vietnam verschollener Bruder; Jo Santini, plötzlich aufkreuzende Nichte, sie und Saint John werden nach dem Serientod der beiden Helden die Hauptfiguren einer vierten Staffel, über die man aber besser den Mantel des Schweigens deckt.

DIE IDEALTYPISCHE EPISODE (DIE ES SO NICHT GAB)

Hawke bringt Caitlin gerade bei, wie man mit einem alten Doppeldecker Loopings fliegt. Das Leben könnte so schön sein, aber nein, bei der Landung vor dem Santini-Air-Hangar erwartet ihn Archangel mit einem dringenden Auftrag. Es geht, natürlich, um den Weltfrieden. Die Sowjets haben über geheime Kanäle S.O.S. gefunkt. Der durchgeknallte Admiral Iwanow hat ein Atom-U-Boot gekapert und will im Alleingang Alaska zurückerobern. Würde man offiziell reagieren, würde das den Dritten Weltkrieg auslösen. Die Potemkin hat bereits Kurs auf Anchorage, Alaska, genommen. Nur der Airwolf kann jetzt noch helfen.

Die Zeit drängt, denn Iwanow hat schon die Beringsee durchquert, Hawke und Dom sind aber noch in Kalifornien. Also rein in den Airwolf und mit Mach 2 nach Alaska gedonnert. Per Ultraschall kann Dom schon bald die Potemkin orten. Die feuert ihre Raketen aus allen Rohren. In waghalsigen Manövern weicht Hawke aus und versenkt das U-Boot mit einem perfekt gezielten Schuss in einen offenen Raketenschacht. Mission erfüllt.

Leider löst der Einsatz bei Hawke traumatische Erinnerungen an Vietnam aus, wo er einmal ein Fischerboot auf dem Mekong versenkt hat. Nun sitzt er niedergeschlagen am Meeresufer und blickt in die Ferne.

Da meldet sich Caitlin bei Dom mit einer wichtigen Nachricht von Archangel. Iwanow hatte das U-Boot längst verlassen und ist an Land unterwegs. Er will mitten in Anchorage eine biologische Bombe hochgehen lassen. Das kann Hawke dann doch nicht durchgehen lassen. Der Airwolf steigt auf und findet dank überlegener Ortungstechnik bald den Pickup-Truck, mit dem der Admiral auf einsamer Landstraße durch den Nadelwald braust. Hawke feuert zehn Raketen und zur Sicherheit noch ein paar Salven MG-Feuer auf das Auto und brandrodet bei der Gelegenheit auch gleich den ganzen Nationalpark drum herum. Weltfrieden gerettet, ab nach Hause. Hawke will jetzt etwas Trauriges auf dem Cello spielen.

WORUM ES EIGENTLICH GEHT

Viel hilft viel.

DIE LETZTE FRAGE

Huckleberry? Saint John? Was ist so schlecht an Christian oder Stefan?

EIN SATZ, DEN MAN GERNE EINMAL GEHÖRT HÄTTE

»Würden es nicht auch ein Taschenmesser und etwas Klebeband tun?«

WER *AIRWOLF* MOCHTE, MOCHTE AUCH

Transformers, Abenteuer Airport

REMAKE

Vierte Staffel 1987, nach Budgetkürzungen mit komplett ausgewechselter Besetzung und ohne neue Hubschrauber-Szenen.

Sinnlose Zerstörung von Dingen ★★★★★
Gewaltverherrlichung ★★★★★
Badebekleidungsaufkommen ★☆☆☆☆
Abwechslungsreichtum ★★☆☆☆
Kultfaktor ★★★☆☆

Reid Rondell, das Stunt-Double von Jan-Michael Vincent, starb 1985 während der *Airwolf*-Dreharbeiten bei einem Hubschrauberabsturz.

TRIVIA

Übrigens …

Kate Jackson *(Agentin mit Herz)* spielte auch einen der *Drei Engel für Charlie,* zusammen mit Farrah Fawcett, der damaligen Frau von Lee Majors alias Colt Seavers.

Bevor Tom Selleck mit *Magnum* seinen Durchbruch hatte, spielte er in mehreren gescheiterten Pilotfilmen mit, darunter *Bunco, Operation Valhalla* und *Der Costa Rica-Auftrag.*

Grant Tinker, der Chef der Produktionsfirma MTM Enterprises, die *Remington Steele* produzierte, wurde 1981 CEO des US-amerikanischen Kanals NBC, auf dem die Serie von 1982 an lief. Wäre er das nicht geworden, wäre *Remington Steele* wahrscheinlich nach der Pilotsendung eingestellt worden.

Die Eissorte »Magnum« wurde 1989 eingeführt, ein Jahr nach Ende der Serie *Magnum.*

In der Serie *Las Vegas* (2003-2008) spielten neben Tom Selleck *(Magnum)* als Gaststars auch Roger E. Mosley und Larry Manetti alias TC und Rick aus *Magnum* mit.

David Hasselhoffs Nachbar war eine Zeitlang Parker Stevenson – der Craig aus der ersten *Baywatch*-Staffel.

David Hasselhoff schreibt in seiner Autobiographie, er habe Thomas Gottschalk viel zu verdanken: »Ich bin verschiedene Male in seiner Sendung aufgetreten, und stets ging es anschließend mit den Verkäufen meiner Platten deutlich aufwärts.«

In der *A-Team*-Folge »Bis dass der Tod uns scheidet« heiratet der ewige Schwerenöter Face die Figur Jacqueline Lee Taylor. Er beschützt sie so vor ihrem Verlobten, der sie nur heiraten will, weil er es auf ihr Erbe abgesehen hat. Am Ende der Folge wird die Ehe friedlich annulliert.

In seinem ersten Fall bekommt es das vierköpfige A-Team mit nicht weniger als 400 mexikanischen Guerillakämpfern zu tun.

Den Nachnamen Knight trägt nicht nur Michael Knight aus *Knight Rider.* In *Remington Steele* gibt es die Schriftstellerin Charlotte Knight und ihren Mann und Ghostwriter Mitchell Knight.

Als Thomas Magnum von Higgins zum Bridge-Spiel gebeten wird, spielen sie nach Regeln, die der Experte kennt als Kennedy, Single Swiss, Jacoby Transfer, Michael's Cue Bid und DOPI, dazu Gerber, Blackwood und Stayman.

Francine, die Ehefrau des CIA-Agenten Stanley Smith in der Zeichentrickserie *American Dad,* erinnert sich in der Episode »Clooney's Tränen« an einen Gastauftritt, den sie in *Agentin mit Herz* hatte. Die Stimmen von Amanda und Lee in dieser Szene wurden von Kate Jackson und Bruce Boxleitner gesprochen.

Es gibt Crossover-Folgen nicht nur zwischen *Simon & Simon* und *Magnum,* sondern auch zwischen *Magnum* und *Mord ist ihr Hobby.*

In der *Trio mit vier Fäusten*-Folge »Auf Mord programmiert« muss Murray sich verkleiden und sieht danach aus wie Sonny Crockett – mit Selbstbräuner-Teint, weißem Anzug mit hochgerollten Ärmeln und mintfarbenem T-Shirt.

B. A. Baracus hat die eher seltene Blutgruppe AB negativ.

Zum Glück hat auch Murdock die eher seltene Blutgruppe AB negativ, so können sie einander anzapfen, wenn auch nur im Notfall, der aber selbstverständlich eintritt.

Donald P. Bellisario, der Macher von *Magnum* und *Airwolf,* hat bei den Marines an der Seite des späteren Kennedy-Attentäters Lee Harvey Oswald gedient und ihn einmal bei der Lektüre der *Prawda* erwischt. Er schrieb später eine Episode seiner Serie *Zurück in die Vergangenheit* über Oswald. Fragt man übrigens Bellisario, dann war Oswald tatsächlich ein Einzeltäter.

QUIZ

Welcher Bart gehört zu wem?

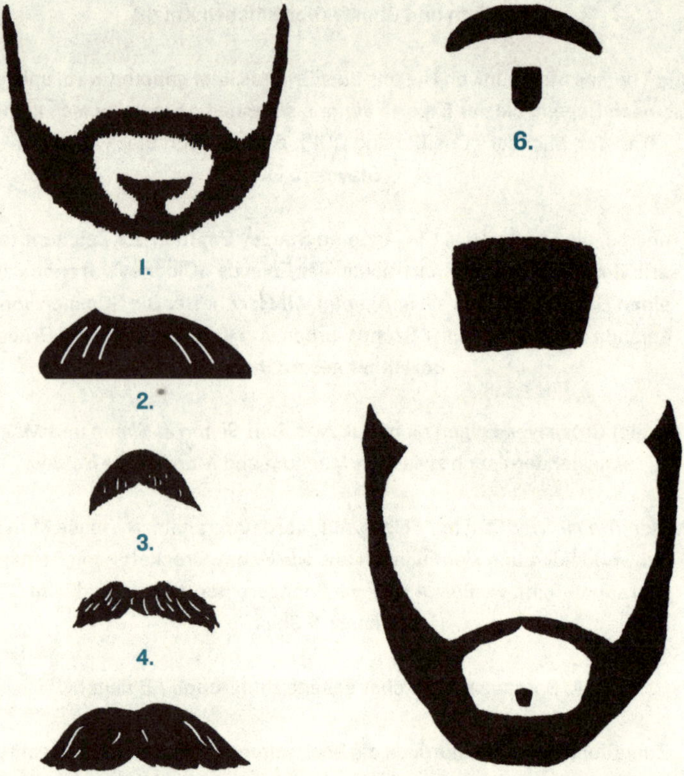

Auflösung: 1. Ricardo Tubbs (*Miami Vice,* Staffel 4), 2. Thomas Magnum (Staffel 6), 3. Higgins *(Magnum),* 4. Cody Allen *(Trio mit vier Fäusten),* 5. Thomas Magnum (Staffel 2), 6. Garthe Knight *(Knight Rider),* 7. B. A. Baracus *(Das A-Team),* 8. Thomas Magnum *(Staffel 8),* 9. Howie Munson als Rocker Mad Dog (*Colt für alle Fälle,* Folge »Der Rockerchef«), 10. Ned Flanders *(Die Simpsons),* 11. Thomas Magnum (Staffel 1), 12. Thom Bray (der Darsteller des Nerds Dr. Murray Bozinsky aus *Trio mit vier Fäusten* heute), 13. Sonny Crockett (*Miami Vice,* Staffel 4), 14. Rick Simon *(Simon & Simon),* 15. Michael Coldsmith-Briggs III. *(Airwolf).*

8.

9.

10.

11.

12.

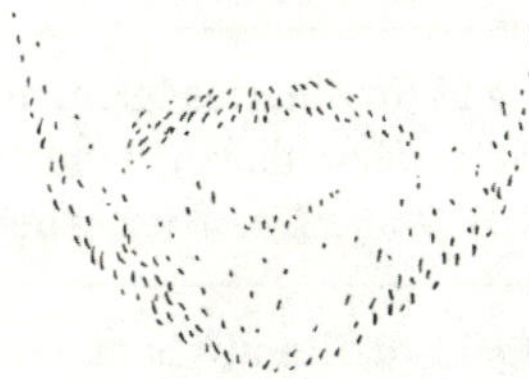

13

14.

15

EIN COLT FÜR ALLE FÄLLE

Was Colt Seavers verdient

Heute würde man Colt Seavers einen Multijobber nennen. Weil Stuntman ein Prekariatsberuf ist, arbeitet er auch als Kopfgeldjäger. Seine Honorare für Stunts werden in der Regel in der Serie nicht genannt, was er als Kopfgeldjäger pro Jahr* verdient, lässt sich allerdings erstaunlich genau bestimmen:

Kopfgeld für Country Joe, der Doc Rider verprügelt hat	$ 10 000
Kopfgeld für Milton, der fünf Millionen US-Dollar gestohlen haben soll	$ 10 000
Kopfgeld für Charles Nieman, der zehn Millionen Dollar unterschlagen haben soll, pro Arbeitstag 500 US-Dollar (Zahl der Arbeitstage unbekannt)**	$ 1000
Kopfgeld für Randy Soames, den Chef einer Rockerbande: Honorar im Gegenwert von 2500 Chili-Hotdogs bei der besten Hotdog-Bude der Stadt. Die beste Hotdog-Bude in Los Angeles war und ist Pink's, wo man für einen Chili-Hotdog heute, je nach Extras, zwischen 3,45 und 6 US-Dollar berappen muss. Inflationsbereinigt kostete ein Hotdog dort im Jahr 1981 demnach zwischen 1,37 und 2,38 US-Dollar, also um die 2 US-Dollar. Colt bekommt somit ein Honorar von	$ 5000
Kopfgeld für die Rio-Brüder, die nach Hawaii geflohen sind: Genaue Honorarsumme wird nicht genannt, aber laut Colt ist sie zu niedrig, um davon drei Tickets nach Hawaii plus Übernachtungen in einer guten Unterkunft bezahlen zu können. Spesen gibt es nämlich leider nicht extra. Colt, Jody	

und Howie verzichten daher auf die gute Unterkunft. Ein sehr billiger Flug von Los Angeles nach Honolulu und zurück kostete 1980 etwa 500 US-Dollar. Ergibt Reisekosten von 1500 US-Dollar plus geringe Übernachtungskosten für einige Tage. Das Honorar beträgt also geschätzt	$ 2000
Kopfgeld für den Spieler Lou, den Colt von Las Vegas nach Los Angeles bringen soll	$ 2000
Honorar für die mehrstündige Bewachung von CIA-Agent Charles A. Ryker	$ 500
Kopfgeld für den entflohenen Charles A. Ryker, pro Tag 500 US-Dollar plus Spesen (Zahl der Arbeitstage unbekannt)**	$ 1000
Kopfgeld für John Ryder	$ 5000
Honorar von Kay Faulkner dafür, dass Colt und Howie ihr helfen, die Juwelen zu finden, die Diebin Jinx versteckt hat***	$ 25 000
Plus Honorare für mindestens acht weitere Aufträge, deren genaue Höhe ungenannt bleibt. Colt sagt jedoch einmal, dass Kautionsvermittlerin Samantha Jack im Schnitt 2000 US-Dollar pro Auftrag zahlt, ergibt also etwa	$ 16 000
Bruttoverdienst für Kopfgeldjagden/Jahr	**$ 77 500**

* Die erste Staffel entspricht etwa einem Jahr in Colts Leben, wie es in der vorletzten Folge heißt, daher wurden die Honorare der ersten Staffel veranschlagt.
** Bei unbekannter Zahl von Arbeitstagen wurden pauschal zwei Arbeitstage veranschlagt.
*** Auszahlung der 25 000 US-Dollar durch Kay Faulkner unklar.

REMINGTON STEELE

Multiple Identitäten

Remington Steele heißt bekanntlich nicht wirklich Remington Steele. Als er Laura Holt kennenlernt und sich schließlich entscheidet, sich als ihr Chef Remington Steele auszugeben, den sie erfunden hat, heißt er zum Beispiel gerade Ben Pearson und ist ein Abgesandter der südafrikanischen Regierung. Der Mann, der sich Remington Steele nennt, hat aber noch mehr Identitäten. Seine fünf Pässe lauten auf die Namen:

- Michael O'Leary, Irland; benannt nach der Figur, die Humphrey Bogart in *Opfer einer großen Liebe* spielte (Regie: Edmund Goulding, Darsteller: Bette Davis, Ronald Reagan u. a., Warner Bros. 1939).
- Richard Blaine, Australien; benannt nach der Figur, die Humphrey Bogart in *Casablanca* spielte (Regie: Michael Curtiz, Darsteller: Ingrid Bergman, Paul Henreid u. a., Warner Bros. 1942).
- Douglas Quintain, England; benannt nach der Figur, die Humphrey Bogart in *Mr. Dodd geht nach Hollywood* spielte (Regie: Tay Garnett, Darsteller: Leslie Howard, Joan Blondell u. a., United Artists 1937).
- Paul Fabrini, Italien; benannt nach der Figur, die Humphrey Bogart in *Nachts unterwegs* spielte (Regie: Raoul Walsh, Darsteller: Ann Sheridan, George Raft u. a., Warner Bros. 1940).
- John Murrell, Frankreich, benannt nach der Figur, die Humphrey Bogart in *Goldschmuggel nach Virginia* spielte (Regie: Michael Curtiz, Darsteller: Errol Flynn, Miriam Hopkins u. a., Warner Bros. 1940). In der deutschen Synchronisation ist eigentlich von Jacques Murrell die Rede. Die Vorbildfigur heißt jedoch auch in der deutschen Fassung des Bogart-Films John.

Darüber hinaus tritt er auf als:

- ein anderer Benjamin Pearson, der nicht Abgesandter Südafrikas ist, sondern zusammen mit Mrs. Holtstein (Laura Holt) für die Universalversicherungsgesellschaft arbeitet,
- Norman Keyes von den Argus-Versicherungen,

- Reggie Whitewood, nicht zu verwechseln mit Reginald Whitewood, dem künftigen Herzog von Rutherford
- und Reginald Whitewood, dem besagten anderen Reginald, der verlobt ist mit der Kaugummi kauenden Myrtle Groggins, der Tochter von Mildred Groggins; in die Rollen von Myrtle und Mildred schlüpfen Laura und Mildred,
- Johnny Todd, verkleidet als Rocker, als der er aussieht wie John Travolta in *Grease,*
- ein anderer Johnny Todd (Murphy Michaels, der in der ersten Staffel in der Detektei mitarbeitet, gibt sich in dieser Szene als Remington Steele aus, und Steeles alter Freund Daniel Chalmers behauptet, er heiße Jake Tucker).

Daniel Chalmers, der Steele Harry nennt, obwohl er sagt, das sei nicht sein richtiger Name, ist Steeles Lehrmeister und der Vater, den Steele nie hatte (am Ende dann allerdings doch hat – es ist aber auch wirklich kompliziert). Chalmers – oder wie auch immer er wirklich heißt – wird gespielt von Efrem Zimbalist junior, dem Vater der Schauspielerin Stephanie Zimbalist alias Laura Holt. Chalmers flirtet in einer Folge übrigens mit Laura Holts Mutter, die allerdings nicht die Mutter von Stephanie Zimbalist ist. Chalmers hat ebenfalls den einen oder anderen Reisepass:

- Leighton Sinclair, Großbritannien
- Eric Gunnar, Schweden
- Colonel Reginald Frobish, Hong Kong
- und Daniel Chalmers, Kanada

Ja, die amerikanischen Serien waren das Gegenprogramm zur bleiernen, bundesdeutschen Schwere von *Derrick* und *Der Alte.* Aber ganz musste man auf die vertrauten ZDF-Gesichter dann doch nicht verzichten, jedenfalls nicht bei *Agentin mit Herz.* Neben Sky du Mont (14-mal *Derrick,* 7-mal *Der Alte*) als Baron von Eiger spielte auch Wolf Roth (13-mal *Derrick,* 15-mal *Der Alte*) als Waffenhändler Hans Retzig mit.

AIRWOLF

Damit ich dich besser fressen kann!

Während in anderen Serien ein gezückter Revolver schon die höchste Eskalationsstufe darstellte, war bei *Airwolf* rüstungstechnisch immer noch Luft nach oben. Die Waffensysteme des Helikopters ersetzten mühelos die halbe Luftwaffe eines Kleinstaats.

Der Airwolf hat:

- Lenkwaffensysteme im »ADF Pod« (drei versenkbare Rohre im Rumpf): sechs Hellfire-Panzerabwehrraketen, sechs Copperhead-Panzerabwehrgeschosse und zwölf Redeye-Luftabwehrraketen
- vier Abschussbasen für je vier Falcon-Lenkflugkörper für den Luftkampf
- vier 40mm-Maschinengewehre mit Teleskopläufen
- zwei .50-Kaliber-Maschinenkanonen (anfangs »Chain Guns« genannt, ab der zweiten Staffel nicht mehr, weil das ein Markenname der Rüstungsfirma McDonnell Douglas ist)
- fünf Paveway-Präzisionsbomben (die allerdings nie eingesetzt werden)
- zwei Bullpup-Luft-Boden-Raketen, zwölf Sidewinder-Luft-Luft-Raketen und vier Agile-Luft-Luft-Raketen
- 10-Sunburst-Leuchtrakten sowie Chaff-Täuschkörper zur Ablenkung von Raketen
- einen kugelsicher gepanzerten Tank

Der Airwolf kann:

- 560 km/h schnell fliegen, wenn er nur seine Rotoren benutzt
- Überschallgeschwindigkeit, genauer Mach 2, fliegen, wenn er seinen Turbo einschaltet (das echte Bell-Hubschrauber-Modell wurde nur 240 km/h schnell)
- in sechs Sekunden auf Mach 1 beschleunigen
- normalerweise in 3,5 Kilometer Höhe, mit Druckausgleich aber in mehr als 24 Kilometer Höhe aufsteigen
- mehr als 1500 Kilometer weit fliegen, wenn er mit drei Mann, mehr als 2300 Kilometer, wenn er mit zwei Mann besetzt ist

- in der Luft aufgetankt werden
- per Radar, Schallwellen oder Infrarot Gegner orten
- Fahrzeuge und Menschen umpusten
- kopfüber und bei jedem Wetter fliegen
- mit Autopilot gesteuert werden

Wenn diese Waffen- und Motorensysteme wie Science-Fiction wirken, ist das kein Zufall. Designt wurde der Airwolf nicht in einer Rüstungsschmiede, sondern von Andrew Probert, der auch Raumschiffe für die Serie *Kampfstern Galactica* und die Enterprise in *Raumschiff Enterprise: Das nächste Jahrhundert* entworfen hatte.

WERBEPAUSE

Palmolive-Geschirrspülmittel

Kundin: »Hallo, Tilly!«
Tilly: »Na, fremdgegangen?«
Kundin: »Aber Tilly!«
Tilly: »Ich seh's doch an Ihren Händen.«
Kundin: »Ein ganz normales Geschirrspülmittel.«
Tilly: »Dann war bestimmt kein natürliches Protein drin, oder?«
Kundin: »Sicher nicht.«
Tilly: »Sehen Sie? Nur Palmolive hat natürliches Protein. Sie baden gerade Ihre Hände drin.«
Kundin: »Stimmt, das pflegt ja die Hände.«
Tilly: »Schon beim Spülen. Das haben Tests mit Hautärzten bewiesen.«
Schnitt. Zeitsprung.
Kundin: »Tilly, sehen Sie meine Hände!«
Tilly: »Ja, schön und zart. Fremdgehen lohnt eben nicht.«
Kundin: »Aber die natürlichen Proteine von Palmolive, die lohnen sich.«

Wer ist diese Tilly?
Tilly empfängt Kundinnen zur Maniküre. In den US-Varianten der Spots erfährt man mehr: Ihr Salon heißt »Salon East Beauty Parlor«. Tilly hieß darin Madge (in Frankreich: Françoise). Tilly wurde verkörpert von der 1917 geborenen US-Amerikanerin Jan Miner, die ihre Werberolle von 1966 bis 1992 spielte. Es war ihre größte, aber nicht ihre einzige Rolle; sie spielte auch in einer Folge der Serie *Cagney und Lacey* sowie im Film *Meerjungfrauen küssen besser.*

TOP TEN

Berührende Momente mit Tieren

1 Vor Francines Hund muss sich Cody in *Trio mit vier Fäusten* fürchten. Murray dagegen, dem Nerd, leckt der Hund das Gesicht. Murray erklärt: »Das Verhalten des Hundes ist abhängig von der Dressur und der Konditionierung. Also laufen die Reaktionen im Grunde ganz linear ab und sind leicht vorherzubestimmen.« Weshalb er später, im Tierheim, berechnen kann: »Wenn wir auch nur einen Schritt da reinsetzen, sind wir Hundefutter.«

2 *Knight Rider* steht in der Tradition der Tierserie. In der Studie *Was machen »Airwolf« und »Knight Rider« mit ihren jugendlichen Zuschauern?* (1990) heißt es über K.I.T.T., er löse Tiere wie Fury, Lassie und Struppi ab. »K.I.T.T. hat die selbstlose Opferbereitschaft von Filmtieren«, zusätzlich zu »diesem einfältigen Gefühlsleben besitzt er« aber »eine überragende Intelligenz«. Im Rahmen der Studie befragte Kinder aus Bayern haben allerdings auch festgehalten, wo es bei K.I.T.T. hapert: Für die Straßenverhältnisse im Bayerischen Wald sei er ungeeignet.

3 Die Hunde Zeus und Apollo sind in *Magnum* zunächst bissige Vollstreckungsbeamte, die Magnum knurrig behandeln. Man muss das wissen, um eine spätere Szene zu verstehen: Einmal, nachdem Apollo verwundet worden ist, sagt Magnum zu ihm: »Glad, you made it pal!« – »Ich bin froh, dass du durchgekommen bist, Kumpel.« Herzzerreißend.

4 Friedwart, der Hund aus *Hart aber herzlich,* verliebt sich einmal in die größere Irish-Setter-Dame Susie, mit der zusammen er zu wunderbarer Geigenmusik über Wiesen flitzt, um ein Tuch rangelt und am Ende romantischerweise einen Mord aufdeckt. Noch berührender ist nur die Szene, in der Jennifers Vater seinem Schwiegersohn Jonathan zugesteht, an Thanksgiving den Truthahn zu tranchieren.

5 *Miami Vice?* Flamingos, Flamingos, Flamingos. Und Bullensperma. Als ein Behälter des kostbaren Nasses geklaut wird, sollen Crockett und Tubbs ihn wiederfinden. Wer sich mit Bullen beschäftigt, muss aber erst einiges lernen: etwa wie man untersucht, ob eine Kuh trächtig ist. Das ist berührend im Wortsinn. Eine Gastrolle spielt ein Gummihandschuh.

6 Nicht nur Thomas Magnum, auch Colt Seavers wird von zwei bissfreudigen Dobermännern gejagt. Allerdings nur einmal, in der Folge »Die Hölle auf Erden«, quer über einen Parkplatz für abgeschleppte Wagen, auf dem Colts Truck steht. Die Hunde heißen Fiffy und Pierre. Das klingt schon mal ganz süß, aber den Preis für die aufsehenerregendste Verniedlichung in *Ein Colt für alle Fälle* bekommen sie dafür trotzdem nicht. Der geht selbstverständlich an die zwei Frauenfiguren, die Bambi und Klopfer heißen.

7 Schon in der Pilotfolge erweist sich das A-Team als zoologisch wie philosophisch auf der Höhe. Hannibal zitiert, nachdem er aus seinem Seeungeheuerkostüm geschlüpft ist, Konfuzius: »Frauen und Würmer mit Warzen sind schwer zu verarzten.«

8 Als Magnum von Higgins aufgefordert wird, aus dem Gästehaus auszuziehen, findet er beim Packen eine Gorillamaske. Er setzt sie auf und sagt zu seinen Freunden: »Leute, ihr glaubt nicht, was ich im Schrank gefunden habe.« Im Gästehaus steht mittlerweile allerdings Higgins und sagt: »Das ist absolut lächerlich.« Was Magnum nicht bestreitet.

9 Mehr Zoo als in *Panda, Gorilla und Co.?* In *Simon & Simon!* Als Rick Simon verschwitzt den Bärenkäfig reinigt, wirft eine junge Zoobesucherin ihm Futter zu und sagt: »Auf dem Schild steht nur, man soll keine Tiere füttern.« Ebenso berührend ist die Szene, in der A. J. Simon auf Drogen einen Puma anlockt: »Nettes Hundchen! Er ist hungrig! Komm her!«

10 Colt Seavers wird in der ersten Staffel von einem ausgewachsenen Löwen gejagt. Und es geschieht das Schlimmstmögliche: Der Löwe zerbeißt Colts Hut.

GIBT'S JA GAR NICHT

Frei erfundene Fakten

- In *Remington Steele* werden eine Menge Filme zitiert. Einige wenige aber gab es nicht: nämlich *Der leidenschaftliche Troubadour, Young Raleigh* und *The Pirate Prince,* die in der Episode »Der Tiefkühl-Werbespot« erwähnt werden. Darin hat Steele mit dem Schauspieler Derek Vyvyan zu tun, von dem es heißt, er habe in beiden Filmen mitgespielt. (Es gab allerdings einen Film mit dem Titel *Prince of Pirates,* 1953; nicht mit Derek Vyvyan allerdings, sondern mit dem tatsächlich existierenden Schauspieler John Derek, später Ehemann von Ursula Andress, später Ehemann von Linda Evans, zuletzt Ehemann von Bo Derek.)
- Ebenfalls erfunden sind die drei Erotikfilme *Lust Weekend, Man Crazy* und *All The World's A Bed,* die Magnum – zusammen mit den wirklich existierenden *Der Weiße Hai* und *Airport* – in der Folge »Reich, berühmt und einsam« aus einer Videothek ausleiht.
- Auch Old Dusseldorf und Coops, die Biere, die Magnum trinkt, sind rein fiktiv. Na ja, ziemlich fiktiv. Zum existierenden Bier Coors ist es ja nicht weit.
- Wenn bei *Simon & Simon* eine Bank auftaucht, ist es oft die Golden West Bank. Etwa als in »Ohne Pfeil und Bogen« A. J.'s Konto dort geplündert wird. Eine Golden West Financial gab es in Kalifornien bis 2006 zwar wirklich, sie betrieb ihr Filialgeschäft aber unter dem Namen World Savings Bank.
- King Harbor wird bei *Trio mit vier Fäusten* immer als eigene Stadt dargestellt, ist aber in Wahrheit ein Stadtteil von Redondo Beach. Die Produzenten wollten möglichen Beschwerden der Stadtväter darüber vorbeugen, dass sie Redondo Beach als Kriminellenhochburg darstellten.
- Auch das Pier 56, an dem die Riptide liegt, gibt es in Wahrheit nicht.
- Hillhaven heißt die Heimatstadt von Jennifer Hart in der Nähe von Washington D.C., die sie mit ihrem Mann in der Folge »Wiedersehen mit Daddy« besucht. Einen solchen Ort gibt es weder in Maryland noch in Virginia.
- Die Bankensoftware Paxton 5000, mit der Murray in der Folge »Auf

Mord programmiert« kämpft, ist ausgedacht. Manches von seiner Hardware, etwa sein Disk-Controller der Marke »Computroller V«, ist allerdings echt.

- Der Vater von Colonel Lynch, der das A-Team jagt, hat, anders als in der Serie behauptet, nicht die Lynchjustiz erfunden. Der Begriff geht mindestens auf das 18. Jahrhundert zurück.
- Ebensowenig war der Vater von Dr. Dwight Pepper, dem Autor des Buchs *The Reformed Convict* (als der Face sich in der Folge »Auf Leben und Tod« ausgibt), der Erfinder der Peppermühle, wie uns ebenfalls in *A-Team* weisgemacht wird.

Tom Selleck (*Magnum,* Hawaiihemd) wurde in die Hall of Fame des National Cowboy & Western Heritage Museum aufgenommen.

Bruce Boxleitner (*Agentin mit Herz,* Anzug) wurde in die Hall of Fame des National Cowboy & Western Heritage Museum aufgenommen.

Lee Majors (*Ein Colt für alle Fälle,* Cowboyhut, Stiefel) wurde bislang nicht in die Hall of Fame des National Cowboy & Western Heritage Museum aufgenommen.

In der Serie *Alcatraz* gibt es eine Figur, die heißt wie Sonny Crocketts Undercover-Ego (dessen dunkle Züge Crockett im Lauf von *Miami Vice* annimmt): Sonny Burnett.

Das letzte Wort, das man Ricardo Tubbs und Sonny Crockett in *Miami Vice* sagen hört, lautet jeweils »vielleicht«.

David Hasselhoff fuhr privat schon vor *Knight Rider* einen Firebird.

Der erste Satz der Serie *Agentin mit Herz* lautet auf Deutsch: »Es ist so weit: Das Gastmahl ist angerichtet!«

MULTIPLE IDENTITÄTEN

Nummernschilder

Wie die Fahrer, so die Autos: Auch die Identität manches Fahrzeugs wurde bisweilen gekonnt verschleiert. Andere hatten schlicht und ergreifend irgendwelche Kennzeichen.

DAS A-TEAM

Der schwarze GMC-Van mit den roten Streifen, den B. A. Baracus von der zweiten Folge an fährt, hat wechselnde Nummernschilder, die ohne (für den Laien erkennbaren) Grund auch mal von einer Szene zur nächsten ausgetauscht werden:

S967238
2E14859
1AWI247
IK709S8
2R22100
2R22099

MAGNUM

- Robin Masters' Ferrari, den Thomas Magnum fährt, hat in der Pilotfolge das Kennzeichen 56E-478, in allen späteren Folgen ROBIN 1.
- Das Kennzeichen ROBIN 2 hat ein silbergrauer Audi 5000, der allerdings bald zerstört wird. Vorher war ROBIN 2 für einen Jaguar XJ reserviert.
- ROBIN 3 prangt an einem GMC-Jimmy-Jeep.
- ROBIN 23 ist ein grüner Ferrari 308 GTS, den Robin Masters' Neffe R. J. fährt.
- In Frankreich nutzt Robin Masters einen schwarzen Rolls-Royce mit dem Kennzeichen Robin – 351 BAJ 75.

MIAMI VICE

- Sonny Crocketts schwarzer Daytona hat das Kennzeichen ZAQ178, sein weißer Ferrari Testarossa AIF 00M.

REMINGTON STEELE

- Laura Holts weißes Golf-Cabrio hat das Kennzeichen 1ELI525, die schwarze Limousine der Detektei R STEELE. Der weiße Auburn Speedster jedoch hat mehrere Kennzeichen: 457 XUJ sowie AUBRN 1 und AUBURN 1.

KNIGHT RIDER

- K.I.T.T. hat das Kennzeichen KNIGHT. Mit der eingebauten Funktion Lic. Plates kann man das Nummernschild umdrehen, es zeigt dann KNI 667. Ganz große Symbolik: 667 ist bekanntlich die Zahl direkt neben der 666. KNI 667 bedeutet also, hier fährt der Nachbar des Teufels.
- David Hasselhoffs privater Firebird Trans Am hatte übrigens das Kennzeichen ARE U WHO.

HART ABER HERZLICH

- Die Harts nennen einen ganzen Fuhrpark ihr eigen. Dessen Flaggschiff ist das meist von Max gesteuerte silberne Bentley-Cabrio mit dem Kennzeichen 1 HART, das später gegen einen Rolls-Royce Corniche eingetauscht wird. Gerne fahren Jonathan und Jennifer auch ihre Mercedes-Cabrios, erst einen 450 SL, dann einen 380 SL. Nummernschild jeweils: 2 HARTS. Folgerichtig hat der Mercedes 300 TD Kombi, den unsere Millionäre oft für alltägliche Besorgungen und Mörderjagden einsetzen, das Kennzeichen 3 HARTS.

EIN COLT FÜR ALLE FÄLLE

- Colt Seavers' Truck hat das Kennzeichen FALL GUY.

Die Hammermusik von *Miami Vice* haben nicht Mike Hammer oder Sledge Hammer, auch nicht MC Hammer komponiert, sondern Jan Hammer.

Jan Hammer komponierte die Musik für die unfassbar urbane Serie *Miami Vice,* in der die Musik die eigentliche Hauptrolle spielt, in einem Farmhaus.

VORSPÄNNE

Einfach toll

Falls einmal ein Preis für den besten Serienvorspann aller Zeiten vergeben werden sollte – wir hätten da zwölf Kandidaten. Diese drei aber sind die heißesten:

1. HART ABER HERZLICH

Warum dieser Vorspann so großartig ist, muss man wirklich nicht erklären: Ein abhebendes Flugzeug, anschließend ein Mann im Smoking und dann die Stimme aus dem Off: »Das ist mein Boss, Jonathan Hart. Ein Selfmade-Millionär. Der hat Nerven.« (Im Bild: derselbe Mann im roten Cabrio.) Weiter im Text: »Das ist Mrs. Hart.« (Schnitt auf eine Frau mit einem Handspiegel.) »Eine traumhafte Frau. Einfach toll.« (Im Bild jetzt: die Frau im weißen Cabrio). »Übrigens, ich heiße Max.« (Man sieht nun Max, natürlich ebenfalls in einem Cabrio.) »Ich kümmere mich um die beiden. Und das ist gar nicht so einfach, denn ihr Hobby ist mörderisch.«

Es folgen: Ein Herz. Der Episodentitel. Eine wilde Fahrt über eine Skipiste. Ein gemeinsames Wannenbad der Harts. Die Harts beim Knutschen. Einfach toll.

2. EIN COLT FÜR ALLE FÄLLE

Im Vorspann von *Ein Colt für alle Fälle* sieht man allerhand Hollywood-Impressionen: die Straßenecke Hollywood Boulevard/Vine Street, an der sich in den zwanziger Jahren viele Medienunternehmen niederließen (und nach der Douglas Barr alias Howie Munson sein Weingut »Hollywood & Vine» benannt hat), den Hollywood-Schriftzug in den Hügeln, Grauman's Chinese Theatre, vor dem Schauspieler ihre Hände und Füße in Zement drücken. Oder den »Walk of Fame« mit den in den Gehweg eingelassenen Sternen.

Es sind also bekannte Bilder, und doch erfordert dieser Vorspann von allen Serienvorspännen die größten Filmkenntnisse – was ihn zum Liebhaberstück macht. Zum einen sind Stuntszenen aus bekannten Filmen hineingeschnitten, die zu erkennen dem Zuschauer überlassen bleibt. Bei dem Mann, der auf einer Hubschrauberkufe liegt, handelt es sich etwa um Jim McCabe aus dem Film *Auf der Fährte des Adlers,* gespielt von James Coburn (der einen Gastauftritt im Pilotfilm der Serie hat).

Ein wenig Eigeninitiative ist auch gefordert, wenn man erkennen will, wessen Handabdrücke und wessen Stern auf dem Walk of Fame gezeigt werden. Bei dem Stern, der kurz im Bild ist, handelt es sich um den des 1930 verstorbenen Schauspielers Lon Chaney senior, der vor allem mit Horrorfilmen bekannt wurde. Die Hand- und Fußabdrücke sind, wie man erkennt, wenn man den Vorspann an der richtigen Stelle stoppt, jene des Schauspielers William Powell (1892-1984), der in den feuchten Zement eine Widmung schrieb: »Sid old boy I am happy to put my foot in it for you. Bill Powell 10-20-36«. Sid – Sidney Patrick Grauman – war der Besitzer des Kinos.

Berühmt ist vor allem der Titelsong, geschrieben von David Somerville, einem Freund des Produzenten Glen A. Larson. Gesungen wurde »The Unknown Stuntman« von Hauptdarsteller Lee Majors. Der wunderte sich später über den Musikgeschmack der Deutschen: »Jeder hat einen Hit in Deutschland, David Hasselhoff hatte einen Hit in Deutschland. Ich weiß nicht, warum. Ich vermute, die scheren sich nicht besonders um Musik da drüben.«

3. SIMON & SIMON

Dass der Vorspann zu *Simon & Simon* toll ist, weiß jedes Kind. Damit es auch alle anderen erfahren, spielten Jon Hamm (*Mad Men*) als Rick Simon und Adam Scott als A. J. Simon, die gemeinsam die Komödie *Friends With Kids* gedreht hatten, 2012 den Vorspann nach. Szene für Szene, Detail für Detail. Zusammen mit einem knapp achteinhalbminütigen Making-of wurde das Vorspann-Remake als »The Greatest Event In Television History« beim Kabelsender Adult Swim präsentiert. Drei weitere solcher Reenactments sind geplant.

Winzige Mängel: In Ricks Cowboystiefel ist im Remake weniger Wasser als im Original. Der Kuss, den A. J. bekommt, geht im Remake direkt auf die Lippen, im Original dagegen auf die Wange. Und der Dodge, den man im Remake sieht, hat keinen Frontschutz, der im Vergleich zur Original-Rammbock-Vorrichtung seinen Namen auch nur annähernd verdienen würde.

Daher auch nur Platz 3 für das größte Ereignis der Fernsehgeschichte.

MIAMI VICE

Ein Blick in die Kleiderschränke

SONNY CROCKETT

Shirts: weiß (diverse), türkis, schwarz, blasslila, hellgrau, weinrot, hellrosa, wassermelonenfarben, grau-schwarz kleingestreift, tiefschwarz, dunkelgrau, kräftig azurblau, olivgrün (undercover), blau (undercover), weiß, grün, rosa, hellblau, pastellgelb, grau-weiß quergestreift (mindestens zwei), kräftig-orangefarben, grau (transparent), orangefarben, weiß mit schwarzem Rundkragen und roten Schulterapplikationen, fliederfarben, hellgrün, blassgelb, mittelgrau, eisblau, schwarz

Hosen: weiß (diverse), grau, violett (Glanz), grau-hellgrau gestreift, hellblau-grau, hellgrau, pastelldunkelrosa, hellrosa, hellgrau karierte kurze Hose (undercover), mittelblau, hellblau, fliederfarben, weiß mit Blaustich, schwarz, türkis

Sportjacketts, Anzugjacketts und Blousons: weiß (diverse), honigmelonenfarben, grau-hellblau mit Längsstreifen, violett (Glanz), weiß mit blauem Geschirrhandtuchstreifenmuster, mittelgrau-meliert, dunkelgrau, mittelblau-grau, hellgrau, dunkelblau-grau gestreift, beige Fischerjacke mit vielen Taschen, graue Blousonjacke (schultergepolstert, Grünstich), dunkeltürkis, hellblau, eiweiß-hellgrau quergestreift, eigelbfarben, rosa, gelb mit schwarzen Längsstreifen, weiß mit Blaustich, pastell-bariumgelb

Hemden: hellblau, schwarz, rotes Hawaiihemd mit weißem Blumenmuster (undercover), gelbes Hawaiihemd (undercover), gelbes bis oben zugeknöpftes Poloshirt (undercover)

Sonstiges: Schulterhalfter, glänzend-orangefarbener Rennoverall, ein Paar schwarze Socken (undercover), ein Gürtel (undercover), weißer Mafiahut mit schwarzer Banderole (undercover), RayBan-Sonnenbrille, große Hornbrille (undercover), weiße Slipper, eine weiße Krawatte mit Punkten (die er anlässlich der Scheidung von seiner Frau Caroline trägt)

RICARDO TUBBS

Hemden: weiß, weiß (Hawaiihemd), weiß-rosa, rosa, grau, hellblau, hellblau (Jeanslook), dunkelblau-mittelblau gestreift, schwarz, violett, blasstürkis, dunkelblau, blassrosa mit wenigen blassgrünen Längsstreifen, weiß mit schwarzem Geschirrhandtuchmuster, hellblau mit hellblauem Muster, hellblau-mittelblau gestreift, grau mit schmalen grünen und breiten weißen Querstreifen, blau (Hawaiihemd), violettes Hawaiihemd mit hellviolettem Afromuster (undercover), schwarzes Hemd mit rot-weißem Afromuster (undercover), schwarz mit psychedelischem Muster, weiß mit schwarzem Sprenkelmuster, pastellblau mit weißen Längsstreifen, blau-grau längsgestreift, pastellgrün, mintgrün, dunkelblau mit Violettstich, hellrosa-dunkelrosa gestreift, dunkelblau mit weißen Knöpfen, schwarz mit glänzenden Knöpfen, discokugelglitzernd-dunkelblau, lila-gelb-weiß längsgestreift mit schwarzen Sprenkeln, schwarz mit weißen Längsstreifen, braun, pastellorange, kühlgrau

Anzüge: warmgrau, neutralgrau, hellgrau, hellbeige, weiß, blau, mittelgrau, grau-hellgrau quergestreift, weiß-grau längsgestreift, blaustichig-grau, graugrau, marineblau mit Tendenz zu dunkelblau, dunkelblau mit Tendenz zu marineblau, beige, dunkelbeige, schmutzweiß mit noch schmutzigeren weißen Streifen, pastellblau, weiß-hellbraun längsgestreift, dunkelblaues Flanelljackett, dunkeltürkis, Fischgrätenmuster

Hosen: schwarze Badehose, jeansartige Stoffhose, olivgrüne Travellerhose (undercover)

Krawatten: weiß, blassgrün, pastellgelb mit dunklem Muster, hellblau, dunkel-sonnengelb, violett mit Orientteppichmuster, dunkelweiß mit dunklen Sprenkeln, pastellgrün, pastellmittelblau, hellrosa, rosa-gestreift, grün-gemustert, weiß mit blau-braunem Mosaikmuster, schwarz mit rosa Streifen und dunkeltürkisen Kreisen, blau mit schwarzem Camouflagemuster, dunkelgrau gemustert, gold-lila diagonalgestreift

Sonstiges: Goldkette, Stein im linken Ohr, glänzend-orangener Rennoverall, zu großer schwarzer Mantel (undercover), Gitarrenkoffer (undercover), ein verschmutztes weißes T-Shirt (undercover), Strohhut mit braunem Hutband (undercover), schwarze Mütze (undercover)

Und dann beginnt auch schon die zweite Staffel. Mit frischem Klamottenbudget.

SIMON & SIMON

A. J. Simon spricht Deutsch, jawohl!

Ausgerechnet in zwei Folgen von *Simon & Simon,* die in Deutschland nie ausgestrahlt wurden, spricht A. J. über längere Strecken ein ganz wunderbares Deutsch. Das wäre wohl tatsächlich schwierig zu synchronisieren gewesen, aber es ist trotzdem ein Jammer, dass es diese Zeugnisse deutsch-amerikanischer Freundschaft nie auf unsere Bildschirme geschafft haben.

In Folge 2 der Doppelfolge »C'est Simon« verkleiden sich A. J. und Rick als Deutsch sprechende Waffenhändler. Hier das Gespräch mit einem ihrer Kontaktmänner:

A. J.: »Such ihn durch!«

(Rick durchsucht den Mann)

A. J.: »Sprechen Sie Deutsch? Afrikaner?«

Mann (zu Rick): »What did he say?«

A. J.: »Verdammt! Sage ihm doch, was wir kaufen möchten.«

Rick: »Alright, We're interested in low level assault aircraft, both 'copter and fixed wing. We have no need for nuclear, but we would like to be able to retrofit that.«

A. J.: Ha, Rrretrrrofitt, ja. Retrofit, haha.

(Geht ab)

In »The Third Eye« soll A. J. als deutscher Meister-Masseur und Fitness-Experte Horst Derspiegel in den dubiosen Wellness-Club Villa Erotica eingeschleust werden. Leider versteht der Besitzer Jake den Namen nicht richtig und fragt nach: »Worst?« Antwort: »Horst, Schweinehund.«

Die Verhandlungen ziehen sich, sein »Manager« Rick muss immer neue Angebote machen. A. J. zischt, wieder auf Deutsch: »Menschenskind, dieser alte Affe ist schlau.« Schließlich platzt »Horst« der Kragen:

A. J.: »Ach, sag diese verdammte Schweinehund, wie alt ich bin!«

Rick: »You don't seem to understand, Jake, these are very special health products. Horst here is over sixty years old and he represented the Fatherland in the '36 Olympics.«

Nun lässt sich Jake doch überzeugen und führt A. J. durch das Gebäude:

Jake: »Da wäre es die massage area. Err, rub down. Massage. I'd better get your pal to translate.«

A. J.: »Ah, massage! Jajaja! Doch! Massage, wunderbar.«

(Läuft auf die Tür zu.)

Jake: »You can't go down there, that's private!«

A. J.: »Massage! Ach, massage!«

(Greift sich den Fuß einer Frau, die auf dem Behandlungstisch liegt.)

Frau: »Hey! Cut that out! That feels weird, what are you doing?«

Jake: »This is Horst Derspiegel, he gives the very best massage in the world.«

Frau: »Massage? I'm paying 800 bucks a month for a massage?«

(A. J. massiert jetzt ihr Gesäß.)

Frau: »Oh! Oh! That feels ... good.« (Dreht sich herum.) »Hello.«

A. J.: »Guten Tach!«

(Dreht sie zurück.)

Wenn B. A. Baracus »Kleiner« sagt, ist im US-amerikanischen Original von »Sucker« die Rede. Wenn Colt Seavers »Kleiner« sagt, heißt es im Original »Kid«.

Wahrster Satz, der bei *Agentin mit Herz* je gesprochen wird: »Nothing ever happens in Tegernsee.«

Max züchtet bei *Hart aber herzlich* einmal eine Rose, die er »Jennifer Hart« tauft.

Frisurentechnische Zeitenwende: Ab Staffel 5 von *Simon & Simon,* also ab 1985, trägt A. J. die Ohren frei.

CAMEO-AUFTRITTE

Cross-Promotion

Der eine oder andere Produzent schmückt seine Serie damit, kurz mal Leute auftreten zu lassen, die man aus anderen Zusammenhängen kennt. Das macht Serien und bekannte Leute gleich noch ein bisschen bekannter. Hier eine kleine Auswahl:

- Natalie Wood (1938-1981), Filmstar und zweimalige Ehefrau von Robert Wagner, tritt in der in Deutschland nicht ausgestrahlten *Hart aber herzlich*-Pilotfolge als (allerdings namenloser) Filmstar auf. Im Abspann wird sie mit ihrem Geburtsnamen Natasha Gurdin genannt.
- Farrah Fawcett, die damalige Frau von Lee Majors alias Colt Seavers, spielt im *Ein Colt für alle Fälle*-Pilotfilm die Schauspielerin Farrah Fawcett, die von Colt gedoubelt wird. Beide tragen weiße schulterfreie Kleider. Während sie ihre blonden Haare auf dem Kopf hat, hält er seine als Perücke in der Hand.
- Eine Stuntman-Serie schreit förmlich nach Cameo-Auftritten. Colt doubelt zum Beispiel in der Episode »Jerry Romes großer Auftritt« Robert Wagner alias Jonathan Hart. Colt stürzt sich ohne Fallschirm aus einem Flugzeug und sagt: »Das ist genau der Stunt, den Sie bei *Hart aber herzlich* brauchen.«
- Linda Evans bestellt in »Der Rockerchef« an einem Hotdog-Stand, an dem Colt gerade speist, zwei Wurstbrötchen, und Colt sagt zu seinen Freunden: »Ich bin ihr Double in *Denver-Clan* nächsten Monat.« Der Angeber.
- Der Vollkontakt-Karate-Weltmeister Joe Lewis bringt (in seiner Rolle als Vollkontakt-Karate-Weltmeister Joe Lewis) Howie Munson in der *Ein Colt für alle Fälle*-Folge »Träume von Hawaii« Karate bei. Vermutlich Vollkontakt-Karate.
- Hulk-Darsteller Lou Ferrigno spielt in der Folge »Unternehmen Kokosnuss (1)«, wir befinden uns auf einem Filmset, Lou Ferrigno in seiner Rolle des Hulk. Ferrigno schlägt in einer Szene aus Versehen seinen Drehpartner Colt Seavers zu Boden, der – was ansonsten eher selten passiert – bewusstlos wird.

- Die *Ein Colt für alle Fälle*-Folge »Die Helden sind nicht müde« ist der »lebenden Legende« Roy Rogers gewidmet (die mittlerweile gestorben ist). Cowboydarsteller Rogers ist selbst dabei. Es wird behauptet, bei Rogers' Pferd, das ebenfalls mitspielt, handle es sich um den berühmten Gaul Trigger. Der echte Trigger starb allerdings schon 1965.
- Cathy Lee Crosby moderierte in den achtziger Jahren die Stunt-Reality-TV-Show *That's Incredible!*. Colt Seavers unternimmt in der Folge »Kein Weg führt aus Las Vegas« einen Motorradstunt für die Show und springt über vier gelbe Busse. Cathy Lee Crosby, die echte, steht daneben und sagt: »Es war unglaublich!«
- Dem Schauspieler Richard Burton, der im Ruf stand, gelegentlich einen zu heben, begegnet Colt Seavers in der Folge »Zug um Zug« im, genau, Zug. Colt bietet ihm einen Drink an, und Burton, der Burton spielt, antwortet: »Ich trinke nur, wenn ich arbeite.«
- Tom Selleck tritt in der Folge »Unternehmen Kokosnuss (2)« als Tom Selleck auf, unterhält sich mit Colt ein wenig über *Magnum* und hat zufällig auch einen roten Ferrari dabei. Colt und Howie tragen gerade Frauenkleider.
- In der *Magnum*-Crossover-Folge »Die Rache des Giftgottes« haben Jameson Parker und Gerald McRaney Auftritte als A. J. und Rick Simon. McRaney darf Hawaiihemd tragen, Parker surfen.
- In der *Simon & Simon*-Crossover-Folge »Die Smaragdmieze« hat Tom Selleck zwei kurze Auftritte als Magnum. John Hillerman spielt als Higgins eine tragende Rolle an der Seite der beiden Brüder. Am Ende quartiert er sie in Robin Masters' Anwesen ein – nicht gerade zu Magnums Begeisterung.
- Gerald McRaney alias Rick Simon hat einen Cameo-Auftritt als General im *A-Team*-Spielfilm von 2010. Dirk Benedict und Dwight Schultz haben ebenfalls kürzere Cameos, die aber schließlich nur als Outtakes gezeigt wurden. Schultz spielt einen Armeepsychiater, der sich fragt, wie verrückt Murdock wirklich ist. Dirk Benedict spielt einen Mann, dem der Faceman des Spielfilms im Gefängnis-Solarium begegnet. Face erkundigt sich bei ihm, ob eine Hautcreme auch gut für das Gesicht sei.
- Faceman – nun wieder der aus der Fernsehserie – organisiert ein Konzert mit dem Country-Musiker Cowboy George, aber irgendwie geht dann was schief, und statt des Cowboys kommt Boy George,

um vor Pipeline-Arbeitern zu singen. Hannibal hat wie immer einen Plan, verkleidet sich selbst als Cowboy George, und Boy George promotet sein neuestes Album einfach als Vorgruppe. Die Folge heißt »George, der Cowboy«.

- Pat Sajak, der Moderator des amerikanischen *Glücksrads,* absolvierte seinen Cameo-Auftritt in *Das A-Team* nur widerwillig. Vorher musste ihm der NBC-Chef schriftlich garantieren, dass er nie wieder Gastauftritte in den Serien des Senders übernehmen müsse. Sajak spielte in der Folge »Glücksrad« mit.
- Die Hollywood-Stars Virginia Mayo, Dorothy Lamour und Lloyd Nolan spielen sich in der *Remington Steele* -Episode »Starrummel« selbst. Alle drei bekommen Drohbriefe und schalten daher Steele ein. Der kann jetzt endlich mal sein Filmwissen anbringen.
- Burt Reynolds kniet, ebenfalls in der Folge »Starrummel«, gerade vor dem Chinese Theatre in Los Angeles, um seine Handabdrücke in Gips zu hinterlassen, als Remington Steele und Co. im Rahmen einer Verfolgungsjagd kurz mal über Reynolds' Unterschrift trampeln müssen.
- In *Das A-Team* treten (in der Folge »Das FBI ist immer dabei«) diverse Wrestler auf, die man sonst im Sportkanal sieht: Hulk Hogan, John William »Big John Studd« Minton oder Davey Boy »British Bulldog« Smith. Um nur einige zu nennen.
- Donald P. Bellisario, einer der Entwickler von *Magnum,* hat sich in die Folge »Der gespielte Tod« (im Original: »Skin Deep«) hineinentwickelt. Darin fingiert die Schauspielerin Erin Wolfe ihren Selbstmord, und man sieht ein Drehbuchskript, auf dessen Cover steht: »Skin Deep by Donald P. Bellisario«.
- In der *Magnum*-Folge »Higgins' Geheimnis« spielt Bellisario den Rezeptionisten des Low Surf Hotels. Er isst Hähnchen und liest ein Männermagazin namens *Playpen.* Das Magazin gibt es an keinem Kiosk, es hat aber seine Auftritte in diversen Fernsehserien: Es stürzt unter anderem mit dem Gepäck eines Passagiers in *Lost* ab, dient in *Family Guy* als Freundinnen-Ersatz und wird in *Navy CIS* erwähnt. *Navy CIS* von Donald P. Bellisario.

CASTING

Man muss seine Rolle im Leben finden

- **Don Johnson** wurde als Michael Knight gecastet. Die Rolle bekam **David Hasselhoff.**
- **Don Johnson** war ein Kandidat für die Rolle des John McClane in *Stirb langsam.* Die Rolle bekam **Bruce Willis.**
- **Don Johnson** war ein Kandidat für die Rolle des Eliot Ness in *Die Unbestechlichen.* Die Rolle bekam **Kevin Costner.**
- **Nick Nolte, Jeff Bridges, Mickey Rourke, Richard Dean Anderson** (*MacGyver*) und **Larry Wilcox** (*CHiPs*) waren Kandidaten für die Rolle des Sonny Crockett in *Miami Vice.* Die Rolle bekam der große **Don Johnson.**
- **Tom Selleck** spielte nicht Indiana Jones, weil er *Magnum* drehte.
- **Anthony Andrews,** der seinerzeit unter anderem für seine Rolle im britischen Fernsehmehrteiler *Brideshead Revisited* bekannt war, sollte Remington Steele spielen, sagte aber ab.
- **Pierce Brosnan** spielte zunächst nicht James Bond, weil er *Remington Steele* drehen musste. Später bekam er die Rolle dann bekanntlich trotzdem.
- **Stephanie Zimbalist** spielte nicht die zugesagte Rolle in *Robocop,* weil sie *Remington Steele* drehen musste. Eigentlich spielte sie danach nie wieder etwas.
- **Janet Leigh** (aus *Psycho*) sollte die Kautionsvermittlerin in *Ein Colt für alle Fälle* spielen.
- Der Legende nach war **Burt Reynolds,** nicht **Lee Majors,** erste Wahl für die Rolle des Colt Seavers in *Ein Colt für alle Fälle.* Sollte das stimmen, könnte Majors es vermutlich verkraften, denn dafür hat er 1965 die Rolle des Heath Barkley in der Westernserie *The Big Valley* bekommen – anstatt Burt Reynolds.
- Als Jonathan Hart war zunächst **Cary Grant** im Gespräch, als Jennifer Hart zunächst **Lindsay Wagner** (*Der Sechs-Millionen-Dollar-Mann, Detektiv Rockford*) und **Suzanne Pleshette** (*Die Vögel*). Heißt es. Kein Beleg, aber immerhin ein Indiz für die Grant-These: In der Folge »Tod auf Hawaii« imitiert Jonathan Hart im Flirt mit seiner eigenen Frau Cary Grant.

HART ABER HERZLICH

Die Kunstsammlung der Harts

Fünf Gemälde, die bei Jonathan und Jennifer Hart in der Villa hängen – und wo man hin muss, um sie sich im echten Leben anzusehen:

- **»Mädchen mit Gießkanne«**
  von Pierre-Auguste Renoir, 1876
  National Gallery of Art, Washington, D.C.
- **»Selbstporträt mit grauem Filzhut«**
  von Vincent van Gogh, 1887
  Van Gogh Museum, Amsterdam
- **»Ta Matete (Le Marché)«**
  von Paul Gauguin, 1892
  Kunstmuseum Basel
- **»Tänzerinnen in Gelb (in den Kulissen)«**
  von Edgar Degas, 1874/76
  Art Institute of Chicago
- **»Die Töchter von Paul Durand-Ruel«**
  von Pierre-Auguste Renoir, 1882
  Chrysler Museum of Art, Norfolk (Virginia)

Die einzige Frau, von der A-Team-Mitglied Face sagt, dass er sie wirklich geliebt habe, wird Nonne.

Es gibt nicht nur in *Magnum* eine Figur namens Masters. In *Remington Steele* taucht ein Auftraggeber namens Kevin Masters auf, in *Ein Colt für alle Fälle* ein Melville Masters.

Heather Thomas, die in *Ein Colt für alle Fälle* die Jody Banks spielte, liebt nach eigener Aussage das Fliegenfischen.

UNFESTE WOHNSITZE

Menschen des Typs Hausboot

SIMON & SIMON

Wenn man nur zwei Begriffe benutzen dürfte, um Menschen zu charakterisieren, »Typ Apartment« und »Typ Hausboot« böten sich an: A. J. Simon ist ein konservativer, ordentlicher Bursche und wohnt in einem gewienerten Apartment. Sein abenteuerlustiger Bruder Rick bewohnt das Boot. Das allerdings ist über mehrere Staffeln hinweg in A. J.s Hinterhof aufgebockt. Rick kombiniert somit die Annehmlichkeiten eines festen Wohnsitzes mit der Freiheit des Vagabundenlebens – oder besser: mit der Erinnerung an ein Leben, das er nicht leben, von dem er aber auch nicht lassen will.

TRIO MIT VIER FÄUSTEN

Die Riptide ist Cody Allens Hausboot und der Sitz der Detektei. Was muss man sein als Detektiv? Erreichbar für Klienten. Und während der Arbeit manchmal unsichtbar. Also Wohnboot – mit einer Adresse. Die man schnell mal wechseln kann.

MIAMI VICE

Sonny Crockett wohnt auf der St. Vitus Dance (würde der Name des Boots übersetzt, hieße es »Veitstanz«). Im Pilotfilm sagt er zu seiner Frau Caroline, die bald seine Ex-Frau sein wird: Nur 2,5 seiner 16 Kollegen hätten funktionierende Ehen; er schiebt das Scheitern ihrer Beziehung auf seinen Beruf. Sie antwortet sinngemäß: Er und seine Kollegen seien Spieler, die Spaß daran hätten, nicht auf festem Boden zu stehen.

MACGYVER

Angus MacGyver hat im Lauf der Serie verschiedene Wohnsitze. Da er ein guter Handwerker ist und nicht ins Muster des an der Welt leidenden Soziopathen passt, das etwa Sonny Crockett bedient, hat sein Boot 110 Quadratmeter, ist mehrstöckig und eher Haus als Boot – aber immer noch mit einem guten Schuss Unkonventionalität.

MIAMI VICE

Wer sterben muss

Anders als in den meisten anderen Serien wird in Miami Vice gestorben, dass es nur so kracht. Und es trifft nicht nur die Richtigen, sondern bisweilen auch die Falschen: Familienmitglieder, Freunde und Partner der Hauptfiguren.

CAITLIN DAVIES

Eine bekannte Sängerin, die zunächst von Crockett beschützt wird. Sie kommen sich schnell näher. Nach kurzer Ehe wird sie von Frank Hackman auf der Bühne erschossen. Hackmans Frau war bei einem Schusswechsel mit Miami-Vice-Leuten gestorben, und Hackman nimmt fälschlicherweise an, Crocketts Kugel habe sie getötet. Dafür will er Rache. Dass Caitlin bei ihrem Tod schwanger war, wie Crockett später erfährt, begünstigt dessen eigenes Abdriften in die Unterwelt: Er verwandelt sich immer mehr in sein Undercover-Ego Sonny Burnett.

LARRY ZITO

Police Officer Larry Zito, bei Miami Vice der schlecht gekleidete Partner des ebenso schlecht gekleideten Stan Switek, wird von Oswaldo Guzman umgebracht, mit dem er sich bei einem Undercovereinsatz angelegt hat. Larry hatte einmal ein Alkoholproblem, er gilt daher als anfällig für Drogenkonsum. Und da Guzman Larrys Tod wie eine Überdosis aussehen lässt – eine Spritze steckt noch in seinem Arm, als Stan ihn findet –, wird der Fall zu den Akten gelegt.

ELENA OBREGON

Sängerin und Mutter von Gina Calabrese, einer Kollegin von Crockett und Tubbs. Sie wurde 1961 von Orrestes Pedrosa auf der Bühne eines Nachtclubs erschossen. Pedrosas Mordmotiv: Eifersucht. Wenn er Elena nicht haben könne, solle niemand sie haben. Gina war damals ein Jahr alt, ihr Vater bereits tot und Elena mit Klaus Herzog liiert, einem DDR-Spion. Gina und Klaus Herzog begegnen sich später, als beide – Miami Vice und der DDR-Spion – unabhängig voneinander Pedrosa hinterherspionieren. Elenas Mörder Pedrosa wird schließlich von Gina getötet.

EDDIE RIVERA

Bevor Ricardo Tubbs nach Miami kommt, heißt Crocketts Partner Eddie Rivera. Er ist verheiratet, freut sich auf sein erstes Kind und wird in der Pilotfolge von einer Autobombe getötet, die von Esteban Calderones Leuten gelegt wurde.

RAPHAEL TUBBS

Erst der Tod seines älteren Bruders führt Ricardo Tubbs nach Miami. Raphael, wie Rico ein New Yorker Polizist, war bei seinen Ermittlungen gegen den kolumbianischen Drogenbaron Esteban Calderone zu Tode gekommen. Die Sache zwischen Ricardo und Calderone wird im Lauf der Serie dann noch etwas persönlicher.

ANGELINA MADEIRA

Angelina ist Esteban Calderones Tochter. Ricardo lernt sie bei Ermittlungen kennen, ihre Beziehung wird auch bald – körperlich. Als Crockett ihren Vater tötet, ist dann erst mal Funkstille. Zwei Jahre später sehen sich Angelina und Ricardo wieder, und sie stellt ihm seinen Sohn vor, Klein-Ricardo. Tubbs steht allerdings auf der Abschlussliste von Calderones Stiefsohn. Wer aber tatsächlich stirbt, ist Angelina – bei einer Autoexplosion. Das Schicksal von Ricardos Sohn bleibt offen.

BARBARA CARROW

Eine Ex-Freundin von Crockett. Weil sie wegen Spielschulden bedroht wird, die sie nicht zurückzahlen kann, bittet sie ihn um Hilfe. Am Ende wird sie trotzdem erschossen – und Crockett hat mit ihrem Mörder einen Intimfeind mehr.

LOU RODRIGUEZ

Martin Castillos Vorgänger als Chef des Organized Crime Bureaus und ein Freund Sonny Crocketts. Als Crockett nach einer Todesdrohung gerade ein paar Dinge auf seinem Hausboot zusammensucht, um anschließend unterzutauchen, befindet sich Rodriguez in der Schussbahn und wird an Crocketts Stelle erschossen.

Einige Funktionen von K.I.T.T.

- Jesus konnte über's Wasser laufen. K.I.T.T. über's Wasser fahren. Mit dem Third Stage Aquatic Synthesizer.
- K.I.T.T. ist von einer molekularversiegelten Außenhaut umgeben, die ihn nahezu unverwundbar macht.
- Die pyroklastische Lamination schützt die molekularversiegelte Außenhaut vor extremer Hitze.
- Mit dem Turbo-Boost kann K.I.T.T. beschleunigen und Hindernisse überspringen, indem er die Räder bei hoher Geschwindigkeit blockiert. In K.I.T.T. saß beim Dreh von Sprungszenen immer ein Stuntman, etwa Jack Gill oder Bill Shelley. Warum auch immer.
- K.I.T.T. kann auf zwei Rädern fahren (Ski-Mode). Colt Seavers' Truck kann das auch, aber nicht selbstständig. Auch bei den Zweiradfahrten saß in K.I.T.T. in der Regel ein Stuntman, Buzz Bundy. Warum auch immer.
- Rückwärts beschleunigen? Reverse-Turbo-Boost.
- Im Super-Pursuit-Mode erreicht K.I.T.T. bis zu 480 km/h. Vorteil im Stadtverkehr: So schnell macht nicht jede Radarfalle ein scharfes Bild.
- Das Emergency-Breaking-System eignet sich zum Bremsen: Drei Klappen öffnen sich, und die Aerodynamik ist am Ende. Flugzeugbauer: Hier könnt ihr was lernen.
- K.I.T.T. fährt auch ohne Fahrer – im gern gewählten Auto-Cruise-Mode.
- Wichtigste Funktion: In K.I.T.T. gibt es den Auto-Currency-Dispenser. Michael nennt ihn »little magic money machine«. Der Volksmund spricht simplifizierend von Geldautomat.

- Die Betätigung des Rapid-Cycle-Knopfs lässt K.I.T.T. auf- und abhüpfen, etwa um Äste abzuschütteln, unter denen das Auto begraben ist.
- K.I.T.T. enthält Schleudersitze, auch einzeln bedienbar (Eject Left/ Eject Right).
- Mit der Oil- oder Oil-Slick-Funktion sprüht K.I.T.T. einen Ölfilm auf die Straße hinter sich, damit Verfolger ins Rutschen kommen. Auf jedem Schrottplatz stehen abgeranzte Autos, die genau das auch können. Aber nur K.I.T.T. kann die Funktion nach Belieben auch wieder abschalten.
- Der Ultraphonic Chemical Analyzer oder Chemical Analyzer, der in K.I.T.T. eingebaut ist, analysiert die Zusammensetzung von Substanzen.
- Michael und K.I.T.T. kommunizieren per Funk. Michaels Armbanduhr enthält einen Mini-Lautsprecher und ein Mikrofon. So sieht die Zukunft aus.
- K.I.T.T. kann – der C-Mode – zum Cabrio umgebaut werden. Das ansonsten feste Dach verschwindet komplett und rückstandslos hinter der Rückbank. Autonarren, die versucht haben, K.I.T.T. eins zu eins nachzubauen, berichten, das sei technisch unmöglich. Diese Langweiler.
- K.I.T.T. kann im Computer-Printout-Mode Fahndungs- und andere Fotos materialisieren. Ziemlich verrückt. Der Laie sagt: Drucker.
- Im Silent-Mode fährt K.I.T.T. extra leise. Warum er das nicht immer tut, wenn er es schon kann? Weil dieser Ökoscheiß den ganzen Spaß kaputt macht.
- K.I.T.T.s Innenraum wird im Oxygen-Vent-Mode mit Sauerstoff versorgt.
- Die Lic- oder Lic-Plates-Funktion dreht das Nummernschild um. Damit ist der tiefergelegte schwarze Firebird Trans Am mit den umgebauten Lichtern und dem roten Scanner dann unter all den verrosteten Toyotas, grauen VWs und hellbraunen Fords auf den Straßen quasi nicht mehr zu identifizieren.
- Mit dem Smoke-Release kann K.I.T.T. eine Rauchwolke ausstoßen.
- Noch viel besser: Mit dem Thermo Dynamic Generator kann K.I.T.T. die Reifen hinter ihm fahrender Fahrzeuge erhitzen, bis sie platzen.
- K.I.T.T. benutzt zum Feuerlöschen CO_2. Besser als Wasser.

KNIGHT RIDER

Einige Funktionen von Michael Knight

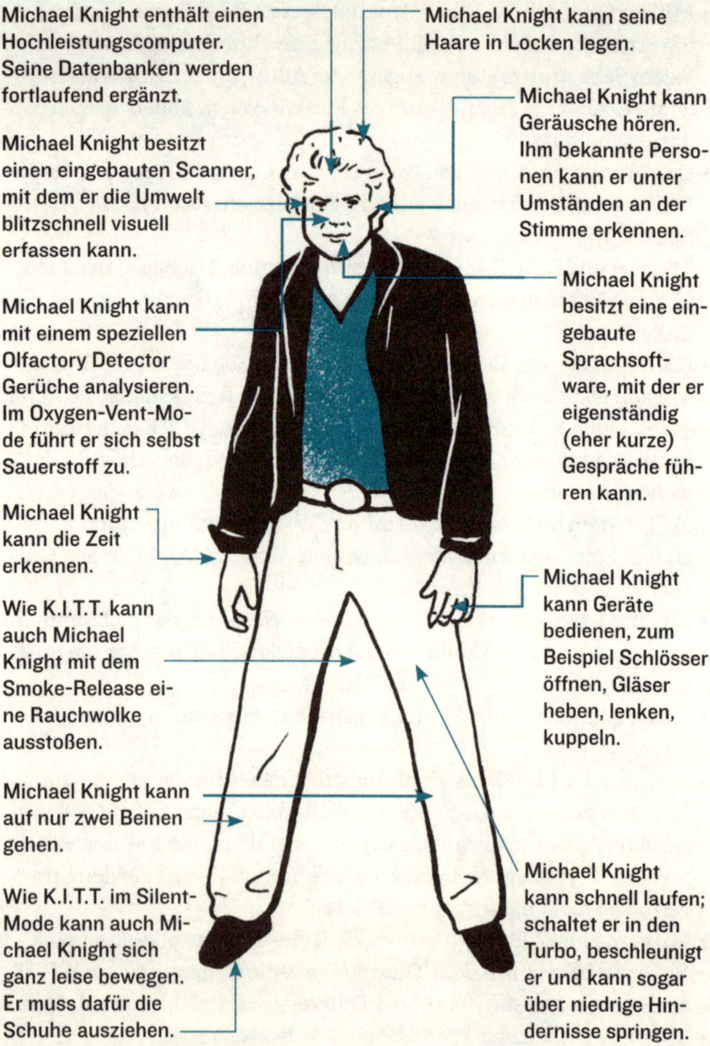

BASTELSTUNDE

Was das A-Team so baut

- Das A-Team baut aus einem Bus und Metallplatten einen Bus, der mit Metallplatten verkleidet ist.
- Aus einem Stahlrohr, einem kaputten Boiler, einem zweirädrigen Leiterwagen, Drähten aus einem Bettgestell sowie Acetylen- und Sauerstoff-Flaschen baut es einen Flammenwerfer.
- Zwölf Müllbeutel, Luftschläuche, zwei Klappstühle, Klebeband und ein Fön ergeben zwei Heißluftballons, mit denen Hannibal und Murdock über die Gefängnismauern fliegen.
- Klopapier wird so zwischen zwei Holzlatten gespannt, dass es aussieht wie eine Wand. Als Motorradrocker durchs Klopapier fahren, erschrecken sie fürchterlich darüber, dass es keine Wand ist, und fallen kollektiv aus den Sätteln.
- Ein 10-PS-Benzinmotor aus einer Sämaschine, ein Fallschirm, Klebeband, Aluminiumrohre aus einem abgestürzten Flugzeug und ein Doppelsitz werden zum Leichtflugzeug verwurstet.
- Eine kleine Baggerschaufel, Wellblech, ein halbes Fass und Strohballen dienen als Autopanzerung.
- Aus Sprungfedern und den Stangen eines eisernen Bettgestells baut B. A. ein Katapult.
- Ein Halstuch stopft ein Leck im Hubschraubertank.
- Ein kleiner Motor, rostige Eisenplatten, ein Holzstamm, Dynamitstangen und Klebeband machen einen Kohlenwaggon zu einem auf Gleisen fahrenden Panzer.
- Strohballen, ein dicker Schlauch, Seil und Kohlköpfe ergeben eine schöne Kohlkopfschussmaschine.
- Feuerwehrschlauch, Eisenstangen und Zahnräder? Genau: Wasserwerfer.
- Fässer mit Sägespänen, Flaschenzug, halbe Kugel von Abrissbirne, Ölspritze – ein Ganove wird damit geölt und gesägespänt.
- Aus einem Bagger wird mit Rohren, Klebeband, Sägespänen, Kupferdraht, einem Propeller und Eisenplatten ein Panzer.
- Klebeband, Gewehr, Ledersessel. Was wäre sinnvoller, als daraus einen schießenden Sessel zu bauen?

TOP TEN

Musiker in Miami Vice

---

1 Der große Jan Hammer, Komponist der *Miami Vice*-Titelmusik, hat in der Folge »Reise ohne Rückkehr« einen Gastauftritt als Hochzeitsmusiker. Blaues Jackett, rotes Hemd, rote Krawatte mit schwarzen Tupfen. Synthesizer-Gedudel statt Hochzeitsmarsch, aber mit Gefühl. Jan Hammer gibt den Kern der achtziger Jahre wieder.

2 Der große Phil Collins, der mit »In The Air Tonight« – Staffel 1, Folge 1 – den Ton und die Ästhetik von *Miami Vice* mitgeprägt hat, spielt in der Episode »Phils Tricks« den Fernsehshowmaster Phil Mayhew. Detective Stan Switek gehört zu den Kandidaten seiner Show, aber Mayhew verdient das Preisgeld dann doch lieber selbst, indem er einen Partner als Switeks Spielkonkurrenten einschleust. Collins zieht sich hier öfter um als Tubbs und Crockett zusammen, ganz hinreißend ist sein kurzärmliges Jackett (nein, die Ärmel sind nicht hochgekrempelt). Am Ende der Folge hat er eine neue Show als Fernsehprediger, als den wir Collins Jahre später im Genesis-Video »Jesus He Knows Me« wiedersehen werden. Switek erschießt an der Stelle seinen Fernseher.

3 Der große Frank Zappa spielt den Drogendealer Mario Fuente. Crockett und Tubbs werden von Fuentes Leuten beschossen, daraufhin benutzen sie ihn als Schutzschild, fahren aufs offene Meer und lassen ihn ohne Rücksicht auf Kleidung und Bart-Styling zurückschwimmen. Megafies. Fuente richtet sich noch die Jacke, bevor er ins Wasser springt.

4 Der große James Brown spielt den R'n'B-Sänger Lou DeLong. Sein erster Auftritt ist unterlegt vom bekannten Brown-Song »I Feel Good«. Detective Trudy Joplin aus dem *Miami Vice*-Team ist in der Serie DeLong-Fan und besitzt seine Platte »Got You (I Feel Good)«. Browns Text als Botschafter für das sektenähnliche Gebilde Astrolife: »Wir akzeptieren alle großen Kreditkarten.«

5 Die große Sheena Easton, die nicht ganz so groß ist, in den Achtzigern aber keine ganz kleine Nummer war, heiratet als Caitlin Davies in der vierten Staffel Sonny Crockett. Der trägt auch zu diesem Anlass das gewohnte Weiß. (Hochzeitsmusiker, mit Umhängeklavier: Jan Hammer.) Kurzzusammenfassung: Erst beschützt Crockett sie, dann lässt er sie nicht seinen Testarossa fahren, dann nennt sie sein Auto zur Strafe »Testosterone«, dann heiraten die beiden, und dann passiert, was immer passiert. Jan Hammer spielt trotzdem keinen Beerdigungsmusiker.

6 Der große Cowboy Willie Nelson spielt in der Episode »El Viejo – Der Alte« den Texas Ranger Jake Pierson. Der Cowboy im türkisgrünen Jackett auf Crocketts Boot – das muss diese Postmoderne sein. Während Nelsons erster Szene ist ein Bon-Jovi-Song von 1986 zu hören; keine Ahnung, ob Nelson das wusste, als er seinen Vertrag unterschrieb. Piersons Tod durch Bleivergiftung wird musikalisch dann wieder untermalt von Jan Hammer.

7 Die dicken Fat Boys sind in der Folge »17 Jahre alt, tot« Straßendealer. Einer von ihnen, der Rapper Darren Robinson, versucht Crockett und Tubbs einen Joint zu verkaufen. Tubbs zeigt seine Polizeimarke. Robinson verschluckt seine Tüte. Crockett lacht sich kaputt.

8 Der große Little Richard hat in der Folge »Gespensterjagd« seinen Auftritt als Reverend Marvell Quinn, der am Strand Drogenmissbrauch verteufelt und sich hinter seinem Pult versteckt, als Crockett vor seinen Augen einen rollschuhfahrenden Dealer festnimmt. Little Richard schließt den Fall für sich ab mit den Worten: »Amen, Brüder.«

9 Der große Gene Simmons von KISS spielt einen Dealer, Größenordnung eigenes Boot. Brusthaare, Goldkette, dunkle Locken. Irgendwie sieht er aus wie Costa Cordalis.

10 Der große Miles Davis spielt Ivory. Und siehe da, es gibt noch eine fünfte Gastrolle neben Prediger, Künstler, Ordnungshüter und Dealer: Zuhälter. Ach so, und falls jemand fragt, ob es nicht ein paar mehr Musikerinnen gab, die mitspielten: nein.

MACGYVER

Spezialgebiet Edelsteine

Zahlreiche Fans haben sich bemüht nachzuvollziehen, wie realistisch die Tricks sind, die MacGyver anwendet. Das Ergebnis lautet: manche sehr realistisch, manche aber vielleicht auch ein bisschen weniger. Rotwein in eine Autobatterie zu füllen, wie es MacGyver tut, um sie aufzuladen, ist zum Beispiel wenig sinnvoll. Nimmt man einen so schlechten Rotwein, dass das Wort Essig treffender wäre, funktioniert es aber unter Umständen.

Einer, der die Umstände wohl kennt, ist John Koivula. Er war einer der wissenschaftlichen und technischen Berater der Serie, lebt heute mit seiner Frau und vier Hasen in Kalifornien und arbeitet dort am Gemological Institute of America. Er ist also Edelsteinkundler. Wir haben eines seiner Bücher (*Bildatlas der Einschlüsse in Edelsteinen,* mit Eduard J. Gübelin, ABC Verlag Zürich 1986) gelesen, auf der Suche nach Erklärungen für MacGyvers Tricks. Leider haben wir keine gefunden. Dafür steht darin das eine oder andere, was man vielleicht mal über Edelsteine gehört haben sollte:

- »Böhmit ist ein wässeriges Aluminiumoxid mit der Formel AIO(OH). Er kristallisiert orthorhombisch und bildet in der freien Natur, wo er als Bestandteil vieler Kalk-Bauxite auftritt, mikroskopische Täfelchen.« (S. 120)
- »Der Hochzirkon ordnet seine SiO_4-Tetraeder nach tetragonaler Kristallsymmetrie und baut dementsprechende Prismen mit isometrischer Grundfläche, oft mit dipyramidalen Enden.« (S. 197)
- »Nach der c-Achse gestreckte Ketten aluminiumbesetzter, oktaedrischer Koordinationspolyeder sind seitlich und abwechslungsweise über Silizium- und Aluminium-Ionen derart miteinander verbunden, dass sich daraus die orthorhombische Andalusit-Struktur ergibt.« (S. 229)
- »Farbzonierung ist im Fluorit recht häufig.« (S. 280)
- »Der trigonal-trapezoedrisch kristallisierende Quarz ist die wichtigste und meistverbreitete von mehreren SiO_2-Modifikationen.« (S. 309)

MAGNUM

Robin Masters' Romane

- ***Babes In Babylon*** (Erstling; möglicher deutscher Titel: *Die Luder von Babylon)*
- ***Fruit Of Passion*** *(Frucht der Leidenschaft)*
- ***The Golden Spike*** *(Der goldene Dorn)*
- ***Tahiti Kill*** *(Mord auf Tahiti)*
- ***The Seamy Side Of Dawn*** *(Die düstere Seite der Dämmerung)*
- ***Golden Tradewinds*** *(Goldene Passatwinde)*
- ***Blood Of The August Kitten*** *(Das Blut des im August geborenen Kätzchens)*
- ***Tales Of The Voyeur*** *(Geschichten eines Voyeurs)*
- ***Die, And Die Again*** *(Sterben – und nochmals sterben)*
- ***The Treasure Of Kalaniou'u*** *(Der Schatz von Kalaniou'u)*
- ***Serpent's Whisper*** *(Das Flüstern der Schlange)*
- ***Echoes Of Ecstasy*** *(Echos der Ekstase)*
- ***Transitions*** *(Übergänge)*

David Hasselhoff behauptet in seiner Autobiographie, den ehemaligen britischen Premierminister Tony Blair mit den Worten »Sie sind der John F. Kennedy meiner Generation« begrüßt zu haben.

Der *Miami Vice*-Soundtrack stand 12 Wochen lang an der Spitze der US-Charts.

Der legendäre Hollywood-Filmkomponist Henry Mancini hat nicht nur das Thema des *Rosaroten Panthers,* den Song »Moon River« aus *Frühstück bei Tiffany* und den »Baby Elephant Walk« aus *Hatari!* geschrieben und insgesamt vier Oscars gewonnen. Er komponierte auch die Titelmusik von *Remington Steele.*

AGENTIN MIT HERZ

München mit Herz

Keine US-Serie der achtziger Jahre hat so ausgiebig in Deutschland gedreht wie *Agentin mit Herz.* Und Deutschland, das heißt für Amerikaner natürlich: Bayern. Leider sind genau diese Episoden (»Our Man In Tegernsee« und »The Times They Are a-Changin'«) vom ZDF seinerzeit nicht ausgestrahlt worden. Auf den Spuren von Amanda King und Lee Stetson bewegt man sich aber unter anderem an diesen Orten:

MÜNCHEN

1. Residenz Dient hier als Polizeipräsidium, wo sich Amanda zu Beginn von »Our Man In Tegernsee« in einer Arrestzelle befindet.

2. Messestadt Riem Lee landet mit einer TWA-Maschine am alten Flughafen.

3. Telefonzelle Max-Joseph-Platz, Residenz-, Ecke Maximilianstraße Amanda ruft zu Hause bei ihrer Mutter an.

4. Spatenhaus an der Oper Lee und Amanda besprechen die Lage.

5. Café Tambosi, damals Café Annast, Odeonsplatz Amanda trifft sich am Ende von »The Times They Are a-Changin'« mit ihren Kindern und ihrer Mutter.

6. Marienplatz Amanda, Dotty und die Kinder schauen sich das Glockenspiel an.

7. Rathaus-Innenhof Doubelt den Marienplatz, als dort ein Attentat verübt werden soll.

8. Hofgartenarkaden Amanda trifft Billy, Francine und Lee zur Lagebesprechung.

9. Schlosspark Nymphenburg Zweiter Treffpunkt mit Billy und Francine, Amanda will unbedingt Dotty und die Kinder an diesen schönen Ort bringen; Lee ist etwas gelangweilt, er hat einmal einen ganzen Sommer im Schloss verbracht.

10. Viktualienmarkt Wird nicht gezeigt, aber Dotty ist auf dem Weg dorthin, wenn sie auch seinen Namen nicht aussprechen kann: »the market area, which is the Volka ..., the Volkey ... number ten on your tour map. How do you pronounce that?« Amanda: »Let's pronounce it number ten on the tour map, mother.«

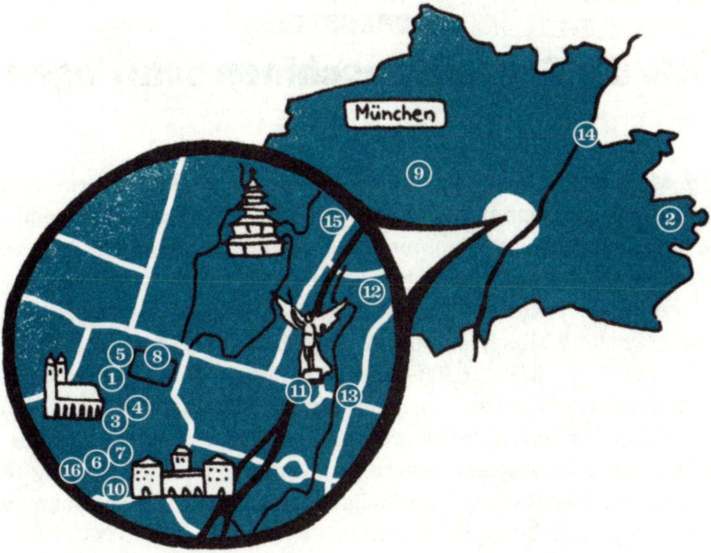

11. Friedensengel »Nummer elf« auf Amandas Karte, Lee weiht sie hier in ihren Auftrag ein.
12. St. Georgskirche, Bogenhausen; wird von außen durch die Frauenkirche gedoubelt Amanda ist mit einem Ex-Terroristen verabredet, Lee ist als Priester verkleidet dabei und schwer in Versuchung, einer Frau die Beichte abzunehmen.
13. Museum Villa Stuck Die Innenräume sollen die Villa von Bösewicht Baron von Eiger darstellen, gespielt von niemand geringerem als Sky du Mont.
14. Gasthaus St. Emmeramsmühle Schauplatz des finalen Kampfs mit den Bösewichten in »The Times They Are a-Changin'«; einer von ihnen flieht und findet sich nach wenigen Sekunden nicht im Gewerbegebiet Feringastraße, sondern im schönsten Bayerischen Oberland wieder.
15. München Hilton Hier ist die Familie King untergebracht, Amandas Söhne schauen abends im Fernsehen die *Rundschau* des Bayerischen Rundfunks.
16. Rosenstraße Lee passt Amanda am Eingang zum Wirtshaus Spöckmeier ab.

AUTORENSTREIK

Als die Schreibmaschinen schwiegen

Im März 1988 rief die Writer's Guild of America, die Gewerkschaft der Drehbuchautoren, zu einem Streik in der Film- und Fernsehindustrie auf. Sie hatte sich mit der AMPTP, der Alliance of Motion Picture and Television Producers, unter anderem nicht über neue Vergütungsregeln für die Ausstrahlung von Wiederholungen und mehr kreative Mitsprache der Autoren bei der Produktion einigen können. Vom 7. März an lieferten etwa 9000 Gewerkschaftsmitglieder, das waren so gut wie alle amerikanischen Drehbuchautoren, den Studios keine Zeile mehr. Nachdem ein erstes Angebot von den Streikenden im Juni abgelehnt wurde, kamen erst Ende Juli Gespräche in Gang, die schließlich zu einer Einigung führten. Die Autoren nahmen ihre Arbeit zum 7. August 1988 wieder auf.

Mit fast 22 Wochen ist das bis heute der längste Streik in der Geschichte der amerikanischen Unterhaltungsindustrie. Die Branche soll er angeblich 500 Millionen Dollar gekostet haben, aber auch viele der Streikenden mussten große finanzielle Einbußen hinnehmen. »Leute haben ihre Häuser verloren, konnten ihre Kinder nicht aufs College schicken«, erinnerte sich *Miami Vice*-Produzent Dick Wolf später.

Zwar war der Streik im Sommer beendet, die Auswirkungen auf das Programm waren jedoch deutlich zu spüren, als im Frühherbst die neue Seriensaison begann. Viele Serien hatten in ihrem geplanten Produktionszeitraum keine oder nicht genug Drehbücher gehabt, um alle geplanten Episoden zu drehen. Die Prime-Time-Quoten der großen Networks fielen um 4,6 Prozent, während das Publikum auf Kabelsender auswich, die ohnehin wenig eigenproduzierte Serien zeigten. Die Sender behalfen sich mit Wiederholungen und stopften die Lücken im Programm mit Spielfilmen, Reality-TV und billig zu produzierenden Unterhaltungsspecials wie *Super Model Search* oder der von Arnold Schwarzenegger und Maria Shriver moderierten *Special Olympics Christmas Party*. Der Sender ABC ließ seine Sportsendung *Monday Night Football* eine Stunde früher beginnen, weil er keine neuen Folgen von *MacGyver* senden konnte, der Serie, die eigentlich den Sendeplatz um 20 Uhr belegte.

Auch *Miami Vice* lief wegen des Streiks erst ab November statt ab September, und statt der geplanten 22 wurden nur 21 Folgen gedreht. Das Team der eh schon kriselnden Serie *Simon & Simon* hatte in dieser, der letzten Saison nur noch 13 Folgen gefilmt, von denen die beiden letzten von CBS gar nicht mehr ausgestrahlt wurden.

Viele der anderen großen Detektiv- und Actionserien der Achtziger betraf der Streik nicht mehr – sie waren wegen sinkender Quoten bereits zuvor eingestellt worden. Stephen J. Cannell, der Produzent von *Trio mit vier Fäusten,* konnte dadurch aber bequem das Wrack der Riptide fleddern. Weil ihm durch den Streik für seine damals aktuelle Serie *Sonny Spoon* Skripte fehlten, ließ er die *Trio*-Folge »Verwischte Spuren« mit minimalen Änderungen einfach noch mal verfilmen.

Etwas Genugtuung gab es für Fans von *Trio mit vier Fäusten* allerdings auch. Zwei Jahre zuvor war die Serie von NBC abgesetzt worden, nachdem sie im direkten Vergleich mit der ABC-Konkurrenz *Das Model und der Schnüffler* immer schlechter abgeschnitten und schließlich den Prime-Time-Platz verloren hatte. Eine der letzten Folgen, »Serienhelden« (im Original: »If you can't beat'em, join'em«), wurde zu einer Parodie auf den Erzkonkurrenten. Der wurde nun vom Autorenstreik gekillt. Von der streikbedingten Auszeit erholte sich die Quote für *Das Model und der Schnüffler* nicht mehr. Im Mai 1989 lief die letzte Episode.

Don Johnson war, bevor er mit *Miami Vice* berühmt wurde, ein Kandidat in der Fernsehshow *Dating Time,* die mit *Herzblatt* vergleichbar ist. Er wurde nicht gewählt.

Die *Magnum*-Episode »Zwei auf einen Schlag« diente 1983 auch als Pilotfilm für eine Fernsehserie um den Kampfpiloten Sam Hunter. Die *Magnum*-Folge gilt als auffallend schlecht, und die Serie wurde nie gedreht. Aus den besseren Ideen entwickelte Produzent Donald P. Bellisario dann *Airwolf.*

ZITATE

Gastauftritte bei den Simpsons

Man ist nicht unbedingt ein Star, nur weil man einen Emmy bekommt. Aber man ist ein Star, wenn man in der Zeichentrickserie *Die Simpsons* vorkommt. Wer durch deren Zitatmaschine gejubelt wird, ist ein Fixstern der US-amerikanischen Populärkultur, auf den andere zeigen, um von ihm beschienen zu werden. Und siehe da:

KNIGHT RIDER

- Zu den wichtigsten Schauspielern der Weltgeschichte gehört, gemessen an der Häufigkeit des Auftauchens in den *Simpsons,* David Hasselhoff, neben K.I.T.T. der Hauptdarsteller in *Knight Rider* und später in der Strand- und Bademeisterserie *Baywatch.* In der Folge »Am Anfang war das Wort« sagt die kleine Lisa, angefeuert von ihrem Bruder Bart, ihre ersten Worte. Das erste lautet »Bart«, dann kommt »Ma-mi!« und dann »David Hasselhoff«.
- In der Folge »Und Maggie macht drei« schauen sich die Simpsons im Fernsehen die Serie *Knightboat* an. Das Knightboat ist, wie K.I.T.T. in *Knight Rider,* technisch hochgerüstet und ausgestattet mit künstlicher Intelligenz. Zusammen mit seinem Partner bekämpft es das Verbrechen – und der Partner heißt natürlich Michael.
- In der Folge »Milhouse lebt hier nicht mehr« sieht man K.I.T.T. zusammen mit dem sprechenden Pferd Mister Ed aus der gleichnamigen Sitcom im Fernsehmuseum stehen, in einer Ausstellung mit dem Titel »Dinge, die nicht sprechen sollten, es aber trotzdem tun«. In der Folge »Im Schatten des Genies« spricht K.I.T.T., im Original synchronisiert von K.I.T.T.s Originalstimme William Daniels, zu Familienvater Homer.

MAGNUM

- In »Eine Simpsons-Weihnachtsgeschichte« schenkt Carl seinem Freund Homer einen DVD-Player und eine Magnum-Staffel.
- Im DVD-Regal des Schnurrbartträgers Ned Flanders steht *Tom Selleck's Mustache Makeover (Schnurrbartpflege mit Tom Selleck)* – zusammen mit den Filmen *Die bekleidete Kanone, Manche mögen's*

lauwarm bis angenehm temperiert, Wiedergeboren am 4. Juli und *Drei Engel für Jesus.*

- In der selbstreferenziellen Folge »Ihre Lieblings-Fernsehfamilie« werden die *Simpsons*-Produzenten gebeten, einige Spin-off-Serien zu drehen, um Programmlöcher zu stopfen. Darunter ist die Serie *Chief Wiggum P. I.*. Sie spielt nicht in Hawaii, sondern in New Orleans, und ist in Stil, Figurenkonstellation und Titel eine Mischung aus *Magnum* und *Miami Vice.*

MIAMI VICE

- In der Folge »Namen machen Leute« sehen die Simpsons eine neue Fernsehserie namens *Police Cops,* in der ein Polizist namens Homer Simpson auftaucht. *Police Cops* ist eine Parodie auf – oder, je nach Perspektive, Hommage an – *Miami Vice.* Der saucoole Homer Simpson nimmt darin mit seinem Partner Lance Kaufman Bankräuber hoch. Leider nur in der ersten Folge. Von der zweiten Folge an wird Police Cop Homer mehr und mehr zum Trottel.

REMINGTON STEELE

- In »Hex And The City« will Marge das Ultrahouse 3000 kaufen, eine technisch hochgerüstete Variante des Hauses der Simpsons. Es kontrolliert das Leben seiner Einwohner und versucht, Homer umzubringen, nachdem es sich in Marge verliebt hat. Gesprochen wird das Haus im US-Original von Pierce Brosnan. Als Bart sagt, er glaube, das sei die »007-Stimme«, fragt Marge, ob er die von George Lazenby meine. Dann erinnert sie sich doch daran, wer Pierce Brosnan ist: der Typ aus *Remington Steele.*
- Auch in der Folge »Homer, hol den Hammer raus« gibt es einen Witz darüber, wie alt *Remington Steele* schon ist: In Captain Blip's Zapateria steht ein sehr alt aussehender Spielautomat mit dem Spiel »Remington Steele – The Game«.

EIN COLT FÜR ALLE FÄLLE

- In »Burns Erbe« träumt Marge von Lee Majors, allerdings in seiner Rolle als Sechs-Millionen-Dollar-Mann. Er, gekleidet im roten Trainingsanzug, sagt: »Hello Marge, I'm Lee Majors, will you come away with me?« Sie sagt, sie müsse endlich mal aufhören, von Lee Majors zu träumen.

DAS A-TEAM

- Eine regelmäßige Nebenrolle in den *Simpsons* hat Mr. T – er ist dort ein Freund von Krusty, dem Clown. Er tritt etwa in der Folge »Krustys Bar Mitzvah« auf.
- Zusammen mit Jack Nicholson und George Bush senior ist Mr. T Mitglied des Weltrats der Steinmetze. Als die Steinmetze feststellen, dass Homer Simpson (wie Neo in *Matrix*) der »Auserwählte« ist, gründen sie einen neuen Club: die »No Homers«, dessen alleiniger Zweck darin besteht, Homer nicht aufzunehmen.
- In der Folge »Bart wird bestraft« ist Mr. T auf dem Cover der Fernsehzeitung abgebildet.
- In der Folge »Die Babysitterin und das Biest« wird Mr. T im laufenden Fernsehprogramm erwähnt, im Improvisationskanal.
- In der Folge »Lisa, die Schönheitskönigin« hängt Mr. Ts Kopf aufgespießt im Wachsfigurenkabinett.
- In »Die Saxophon-Geschichte« sieht der Arzt Dr. Hibbert aus wie Mr. T.
- In der Folge »Hex And The City« verwandelt sich Milhouse in Mr. T.

MACGYVER

- Marges Schwestern Selma und Patty sind in erster Linie kratzbürstig (vor allem Homer gegenüber, den sie als Schwager für eine grandiose Fehlbesetzung halten), in zweiter Linie rauchen sie Kette und drittens lieben sie die Serie *MacGyver* und den Hauptdarsteller, Richard Dean Anderson.
- In der Folge »Kiss Kiss Bang Bangalore« organisieren Selma und Patty einen *MacGyver*-Kongress und treffen ihren Helden persönlich, als er hereinschneit, um zu fragen, wo es zur *Stargate*-Convention gehe. Die Schwestern finden heraus, dass er, der Schauspieler Richard Dean Anderson, *MacGyver* wahnsinnig uninteressant findet. Sie kidnappen und fesseln ihn daraufhin und teilen ihm mit, dass er sich, wie MacGyver, einfach selbst befreien soll. Das tut er und findet so viel Gefallen daran, dass er sich von den Schwestern wieder und wieder fesseln lässt, um sich bei zunehmendem Schwierigkeitsgrad wieder und wieder selbst zu befreien. Am Ende sind Patty und Selma genervt vom Immergleichen, wollen ihn loswerden und zeigen ihm ihre Urlaubsdias, worauf er flieht.

- In »Selma will ein Baby« umarmt Homer seine Schwägerinnen Patty und Selma. Patty empfiehlt ihrer Schwester, dabei an MacGyver zu denken.
- In »Bis dass der Tod euch scheidet« will Selma heiraten, und zwar Tingeltangel-Bob. Die Hochzeit droht zu platzen, als Bob sagt, dass er *MacGyver* hasse. Bei der Hochzeit verspricht Selma, das Rauchen aufzugeben. Außer nach den Mahlzeiten und nach *MacGyver*.

WERBEPAUSE

Maggi-Kochstudio

♫ Mit Maggi fix was Tolles zaubern! ♫
Frau Anton: »Hier, die san frisch von meinem Gemüsestand.«
Kochstudio-Köchin: »Ahaha, das find' ich ja riesig. Ja, heute geht es um Kohlrouladen.
Und dazu ist Frau Anton aus München hier.«
Frau Anton: »Also, des sog i glei. Essen tu i sie ja gern. Aber Kohlrouladen macha, naa.«
Kochstudio-Köchin: »Ehehe, vielleicht weil Sie unser Rezept noch nicht kennen. Damit geht's nämlich leichter.«
Frau Anton: »Ah ja?«
Kochstudio-Köchin: »Mit Maggi fix für Rouladen. Da kann man sich auch bei Kohlrouladen das Anbraten glatt sparen. Und hat gleich reichlich kräftige Soße.«
Frau Anton: »Ah, do schau her.«
Kochstudio-Köchin: »Noch ein paar Rosinen drüber, fertig!«
♫ Mit Maggi fix was Tolles zaubern! ♫
Frau Anton: »Also, des mit der Soß' – pfundig!«
Kochstudio-Köchin: »Eh, probieren Sie's doch mal aus.«
Frau Anton: »Des moch i.«
♫ Mit Maggi fix was Tolles zaubern! ♫

Woran dieser Spot erinnert:
Werbung aus dem Maggi-Kochstudio gibt es schon seit 1972, und trotzdem war das einst ein mythischer Ort der Fernsehwerbung, so irreal wie das Bistro von Alphonse, Villarriba oder Villabajo. In den Neunzigern wurde in Frankfurt das erste Kochstudio »vor Ort« eröffnet, heute kann man auch in Leipzig, Hamburg, München und Dortmund lernen, wie man Tütensuppen kocht. Schön, aber irgendwie so prosaisch, als würde die Rama-Frau im Supermarkt selbst das Kühlregal auffüllen.

MYTHOLOGIE

Mit dem Zweiten sieht man besser

ODYSSEE

In der griechischen Mythologie gibt es die Zyklopen. Der Bekannteste heißt Polyphem, ist ein Sohn des Meeresgottes Poseidon und frisst zwei Gefährten des Helden auf, der lustigerweise Odysseus heißt, genau wie der Kerl aus der Weltraumzeichentrickserie *Odysseus 31* von 1981. Jedenfalls geistert seitdem der Einäugige wie nichts Gutes durch die Popgeschichte.

AIRWOLF

Michael Coldsmith-Briggs III., genannt Erzengel, arbeitet für die »Firma«, die den Airwolf-Hubschrauber entwickelt hat. Sein Auge verlor er, als der Airwolf-Erfinder Charles Moffet den Helikopter entführte und das Kontrollzentrum der Testanlage angriff (vgl. Pilotfilm). Der frühere Testpilot, Stringfellow Hawke, im Deutschen Huckleberry Hawke, ist der Gute. Und der beste Pilot der Welt. Neben Murdock vom A-Team natürlich.

AGENTIN MIT HERZ

Hier gibt es den erfolgreichen Schauspieler Russell Sinclair. Er spielte den Geheimagenten Buzz Blade – bis er bei Dreharbeiten einen Unfall hatte. Entstellt, eine Augenklappe über seinem rechten Auge, bringt er danach echte Geheimagenten um, denn wenn er kein Agent mehr sein darf, soll es auch niemand anderes sein, das ist ja logisch. Amanda, die er entführt, empfiehlt ihm psychologische Hilfe. Aber wir sind hier nun mal nicht in der *Schwarzwaldklinik*, und so kommt es zum finalen Fechtkampf zwischen Sinclair und Lee Stetson. Sinclair verliert. Aber es ist ja auch ein unfairer Kampf. Fechten mit nur einem Auge!

EIN COLT FÜR ALLE FÄLLE

In der Folge »Räuberpistolen« gibt es einen Kerl namens Rotauge, der eine rote Augenklappe trägt. Er benutzt sie als Versteck für einen Schließfachschlüssel. Sehr clever.

DAS A-TEAM

Als Murdock verwundet wird, ausnahmsweise sogar wirklich, muss Face einen Ort finden, an dem der Verletzte sich ausruhen kann. Face wählt eine Waldhütte und vertreibt die beiden Kerle, die darin abhängen, indem er ihnen einen Bären aufbindet: Da draußen sei ein Grizzly, auf dessen Kopf 10 000 Dollar ausgesetzt seien. Da gehen die zwei natürlich mal ein paar Stunden suchen. Face nennt sich Bear Claw Jones und trägt eine schwarze Augenklappe. Sein Auge, sagt er, habe der Bär amputiert.

MIAMI VICE

In einem kleinen Vorblick auf die Gründung der Piratenpartei geht es in der Folge »Piraten« um einen Piratensender, der von ein paar reichen Gören betrieben wird. Das Obergör nennt sich Captain Hook, sendet von einem Boot aus, hisst zu gegebener Zeit eine Piratenflagge und trägt, genau, Augenklappe.

Pierce Brosnans 1991 gestorbene Frau Cassandra Harris hatte in *Remington Steele* gleich mehrere Gastrollen: In der Folge »Fünf Nackte in Kairo« spielt sie Remingtons Ex-Freundin Catherine, eine Kunstdiebin. In der Folge »Ein Mann jagt sich selbst« spielt sie eine weitere Ex-Freundin, Felicia. In »Lebendige Vergangenheit« spielt sie die gut aussehende Detektivin Anna, von der Steele sich bezirzen lässt.

Eine Hairstylistin von *Miami Vice*, Bonnie Timmermann, wurde auch bei *Dirty Dancing* beschäftigt.

Stefanie Powers alias Jennifer Hart *(Hart aber herzlich)* ging mit Nancy Sinatra zur Schule.

Tom Selleck und Mike Post, einer der Komponisten der *Magnum*-Titelmusik, besuchten zusammen die Ulysses S. Grant High School in Los Angeles.

Murdock ist (nicht) ganz gesund

Ob Howlin Mad Murdock verrückt ist, wie er eine Zeit lang selbst behauptet, oder nur seinen Kollegen B. A. nervt, möge doch bitte jeder für sich selbst beantworten. Aber hier sind ein paar Entscheidungshilfen:

- Er leidet unter paranoiden Angstneurosen und periodischen Wahnvorstellungen – sagt eine Schwester der psychiatrischen Anstalt, in der er lebt.
- Er hat eine Müllbeutelneurose.
- Murdock atmet schwer in einen Gummihandschuh.
- Er spielt Würfel ohne Würfel und jubelt über die wiederkehrende Sieben.
- Er pflegt einen nicht vorhandenen Hund namens Billy.
- Murdock nimmt an einer Tiertherapie teil und bezeichnet sich als Cousin einer Meerkatze.
- Er bekommt Schießpulver ins Auge und sieht nichts mehr.
- Er sagt, wenn auch nur in der deutschen Synchronfassung, er glaube, er sei »Dr. Brinkmann als Jürgen Wussow«.
- Murdock fühlt sich in einen Golfball ein.
- Er ist mit einem Papierflieger befreundet.
- Während er Taxi fährt, unterhält er sich mit einer Socke.
- Er verzehrt Rasierschaum.
- Zu einer kleinen Pflanze pflegt er eine intensive Beziehung.
- Murdock zitiert stotternde Comicfiguren.
- Er hat eine Allergie gegen Mikrowellen.
- Er glaubt, er könne sich unsichtbar machen.
- Murdock ist ein Hund. Socken dienen als seine Ohren.
- Murdock spricht mit seinem Teddy.
- Murdock ist Captain Ahab aus *Moby-Dick*.
- Er spielt McMurdock und zitiert mit Hut und Zigarette im Mundwinkel Philip Marlowe.
- Er hat Angst vor Fledermäusen, weil sie nach faulen Bananen stinken.

- Ein Tischtuch dient ihm als Superheldenumhang und -maske.
- Er macht eine Gartengenesungstherapie, um zu seinen Wurzeln zurückzukehren.
- Murdock nimmt zusammen mit Nüssen an einer Gruppentherapie teil, er ist schließlich nuts.
- Murdock wird aus der Psychiatrie entlassen, weil er angeblich simuliert.
- Der Arzt, der ihn entlassen hat, wird daraufhin eingeliefert.
- Murdock kriegt eine Kugel ab. Und dann eine zweite. Ernsthaft.

WERBEPAUSE

Wauzi

Ein Herz für Wauzi – Hol mich aus dem Tierheim
Wauzis: ♫ »Wir sind die Wauzis, haben keine Mama, haben keine Mama, niemand hat uns lieb.« ♫
Junge: »Arme arme Wauzis.«
Wauzis: »Bitte lasst uns raus!«
Mädchen: »Ja, alle! Wie lieb sie sind!«
Dr. Andreas Grasmüller, Deutscher Tierschutzbund: »Haben Sie ein Herz für Wauzis. Helfen Sie Hunden aus dem Tierheim!«
Sprecher: »Holen Sie sich einen – wo es Spielwaren gibt.«

Wer wirbt hier eigentlich wofür?
Dr. Andreas Grasmüller war in den achtziger Jahren Präsident des Deutschen Tierschutzbundes und einem kleinen Publikum auch als einer von sechs Moderatoren der ARD-Quizshow *Alles oder nichts* bekannt, zu denen zuletzt auch Max Schautzer gehörte. Er warb hier dafür, ein Herz für echte Hunde zu haben.
Der Wauzi war ein zum Heulen niedlicher Spielzeughund der Firma Schildkröt, ausgeliefert mit einer Adoptionsurkunde. Er war nicht echt, aber Kinder hatten leider trotzdem ein Herz für ihn. 1988 wurde nach einer US-Serie auch noch die Zeichentrickkomödie *Der Wauzi-Film* (Originaltitel: *Pound Puppies*) produziert. Im US-Original als Synchronsprecher dabei: Nancy Cartwright als Bright Eyes, die heute Bart und Maggie Simpson (sowie die Simpsons-Figuren Ralph Wiggum, Nelson Muntz und Todd Flanders) spricht. Und Tony Longo als Big Paw, der in vier Folgen von *Simon & Simon* und je einer Folge von *Hardcastle And McCormick*, *Ein Colt für alle Fälle* und *CHiPs* mitspielte.

TRIO MIT VIER FÄUSTEN

Was Murray so alles kann

Heute schafft das alles natürlich jeder Teenager von seinem Smartphone aus, aber für die frühen Achtziger hat Murray Bozinsky wirklich einiges auf dem Kasten:

- Murray loggt sich in Satelliten ein, um Hubschrauber zu orten.
- Murray »zapft« das Finanzamt an, um an Steuerdaten heranzukommen.
- Murray checkt via Computer die Einlieferungsvermerke aller Krankenhäuser durch.
- Murray verschafft sich in der Zentrale des Cullen-Davis-Konzerns Zugang zur Datenbank. Er schließt ein Modem an, weist Roboz per Fernsteuerung an, das auch zu tun, und schickt die Daten via Modem auf die Riptide, wo sie ausgedruckt werden.
- Murray loggt sich in die »staatliche Kartei für Sportgeschäfte ein, die Sauerstoffflaschen füllen dürfen«.
- Murray hat einen Lügendetektor-Ring erfunden, der leuchtet, wenn jemand die Unwahrheit sagt.
- Murray hat auch einen Lügendetektor entwickelt, der auf den Tonfall der Stimme reagiert. Wird gelogen, brummt die Box. Erfunden hat er das Gerät für die Firma MCAI – Modern Chip Analogue International – als Spielzeug (»Kriminalspiel«, wie er es nennt) mit dem Namen »Schlag die Box«.
- Murray muss nur die Epidermisdichte mit dem genetischen Pigmentationskoeffizienten multiplizieren, um zu errechnen, wie lange jemand für »perfekte Goldbräune« in der Sonne sitzen muss.
- Murray gewinnt in der Game-Show *Superhirn (Brain Basher)* 100 000 Dollar. Vorgestellt wird er als »der Erfinder von Meister-Videospielen, der berühmte Computerstar und jetzige Privatdetektiv«.
- Murray kann beliebige Texte und Zahlen in seinen Computer eingeben, und der findet dann »Besonderheiten«.
- Murray kann Daten aus Polizeiakten und Zeitungsartikeln zu Mordfällen in seinen Computer eingeben, und der entdeckt Gemeinsamkeiten.

- Murray kann über den Computer Nachrichten empfangen. Für solche »Datenübertragungen« an ihn braucht man aber seinen »Zugangscode«.
- Murray hat einen Sensor entwickelt, der den Geruch eines Menschen erkennt. In eine Sonnenbrille eingebaut, kann der »integrierte Geruchssensorschaltkreis« Personen verfolgen, die die Brille tragen.
- Murray hat in Roboz ein Spracherkennungsmodul eingebaut und kann so (Jahre vor Milli Vanilli) feststellen, dass die Mitglieder der Popgruppe P.C.H. auf ihrem Album nicht selbst singen. Die Plattenfirma wollte sie ermorden lassen und dann viel Geld mit dem gefälschten Album verdienen. Roboz kann über Stimmvergleiche mit gespeicherten Aufnahmen die echten Sänger ermitteln.
- Murray hackt sich in das Computersystem der Polizei von Redondo Beach hinein, um etwas über das Vorleben von Codys neuer Freundin Sheila herauszufinden – er kommt mit einem ganzen Arm voll Papierausdrucken zurück. Cody ist gar nicht amüsiert: »Ihr schafft euch da rein und kramt im Leben einer unschuldigen Frau rum. Da geht dieses ganze Computerding ein bisschen zu weit, Murray.«

Der Wrestler André René Roussimoff trat in einer *Ein Colt für alle Fälle*-Episode unter dem wilden Namen Killer Typhoon auf. Im echten Leben nannte er sich bescheiden Andre The Giant, Butcher Roussimoff, Monster Roussimoff oder Giant Machine.

In *Der Sechs-Millionen-Dollar-Mann* mit Lee Majors spielte André Roussimoff den Bigfoot.

William Daniels, die Stimme von K.I.T.T., spielte 1967 Dustin Hoffmans Vater in *Die Reifeprüfung*.

John Hillerman, der in *Magnum* den Higgins mit dem besonderen britischen Akzent spielte, ist Texaner.

NEBENDARSTELLER

Ganz alte Bekannte

Manche Gesichter sieht man einfach immer und immer wieder. Zum Beispiel den deutsch-englischen Schauspieler **Walter Gotell** (1924-1997), der in sechs James-Bond-Filmen den KGB-Chef General Gogol spielte. Er war zu sehen in:

Agentin mit Herz	als Curt Hollander (1983)
Airwolf	als Hans Daubert (1984)
Ein Colt für alle Fälle	als Inspektor Sekulevitch (1984)
Knight Rider	als Simon Carascas (1985)
Das A-Team	als Ramon DeJarro (1985)
Miami Vice	als Max Klizer (1986)
MacGyver	als Hellseher Starkoss (1987)
	als General Barenov (1989)

Belinda Montgomery (geb. 1950) spielte Sonny Crocketts erste Ehefrau Caroline in *Miami Vice,* sie war aber auch ein Stammgast bei *Simon & Simon.* Ihre Rollen:

Simon & Simon	als Laura Steubens Dennison (1982)
	als Sherry Dayton (1983)
	als Joyce Dolan (1984)
	als Dorrie Wilson (1986)
Magnum	als Frannie Huddle (1984)
Miami Vice	als Caroline Crockett (1984, 1987 und 1989)
Trio mit vier Fäusten	als Rainey (1985)

Auch wenn der altgediente Charakterdarsteller **Ray Walston** (1914-2001), am besten bekannt aus seiner Rolle als Richter in *Picket Fences,* auftauchte, hätten die Brüder Simon eigentlich jedes Mal ein Déjà-vu haben müssen. Seine Auftritte:

Hart aber herzlich	als Elliott Laurence (1982)
Simon & Simon	als Rockwell Stark (1983)
	als Al Ranfield (1985)
	als Danny »The Milwaukee Kid« Chesney (1987)

Der Brite **David Hemmings** (1941-2003) wurde durch seine Hauptrolle in Michelangelo Antonionis *Blow Up* ein Star des Kinos der sechziger Jahre. Später war er dann eine Stütze der US-Serienproduktion der Achtziger. Unter anderem in:

Airwolf	als Airwolfs Erfinder Dr. Charles Henry Moffet (1984)
	außerdem als Regisseur einer Folge
Magnum	als Lord Archibald Smythe-White (1985)
	als Danny (1987)
	außerdem als Regisseur dreier Folgen
Das A-Team	als Dr. Forbes (1985)
	außerdem als Regisseur von neun Folgen

Doug McClure (1935-1995), der frühere Western-Star, der das Vorbild für die *Simpsons*-Figur Troy McClure abgab, war in den Achtzigern gut beschäftigt. Zum Beispiel in:

Ein Colt für alle Fälle	als Joe Edwards (1982)
	als Trampas (1983)
	als Sheriff Dixon (1984)
	als Tony (1984 und 1985)
Agentin mit Herz	als Russell Sinclair (1984)
Simon & Simon	als Murphy (1984)
Magnum	als John Quillan (1985)
Airwolf	als Darren McBride (1985)

William Windom (1923-2012), der später jahrelang den gemütlichen Dr. Hazlitt in *Mord ist ihr Hobby* spielte, machte ebenfalls auf fast jedem Serien-Set einmal halt. Man sah ihn in:

Hart aber herzlich	als Charles Baines (1982)
Das A-Team	als Al Massey (1983)
Simon & Simon	als Dr. Lloyd Tyler (1984)
Airwolf	als Lou Stappleford (1985)
Knight Rider	als Wayne Altfield (1985)
Magnum	als Captain James T. Lyle (1986)

Howies gesammelte Erfahrungen

Howie Munson hat, wie Goethes Faust, dies und das studiert. Faust studierte Philosophie, Juristerei, Medizin und leider auch Theologie, wie er sagt, und nun steht er da, der arme Tor, und ist so klug als wie zuvor. Sieht man von den ganzen irren Wendungen mal ab, die später in Goethes Plot noch kommen, ist Howie ein moderner Faust. Auch er hat dies und das studiert, genau genommen sogar noch einiges mehr als Faust, und zwar insgesamt sieben Jahre lang. Absolviert hat er unter anderem:

- ein Jahr Buchhaltung in Oklahoma
- ein Jahr Jura in Harvard
- ein Jahr Wirtschaft
- fast ein Jahr Psychologie in Pennsylvania
- ein halbes Jahr Improvisationstheater an der Northwestern in Illinois
- ein halbes Jahr Maschinenbau an der Penn State University
- ein psychologisches Seminar
- »eine astrologische Sache in Cornell«
- einen Computerkurs im Kartenmerken in Princeton
- einen Kurs »am Freud-Institut in Wien«
- ein Jahr Psychologie in einer Mayo-Klinik.
- ein Jahr Metallurgie an einer Bergbaufachschule in Colorado
- seinen Militärdienst an der US Military Academy in West Point, New York
- ein Semester Forstwissenschaft an der University of Northern Colorado

Außerdem:

- sagt er, dass er dank seines College-Aufenthalts alles über Mädchen-Schlafsäle und über Bars wisse.
- studierte er Astronavigation in Princeton.
- war er in seiner College-Zeit Catcher.
- führte er in Cornell eine Studie durch, bei der sich herausstellte, dass Kinder in körperlicher Bestrafung oft Ersatz für Zuneigung suchen.
- belegte er Spanisch als Hauptfach an der Uni in Fresno.
- studierte er zwei weitere Jahre Buchhaltung: erst

Grundkurs an der Walton-Business-School, dann noch mal Buchhaltung in Yale.
- befasste er sich an der Iowa State University mit Lateinamerika-Studien.
- studierte er Politologie (im Jahr 1976).
- war er ein Jahr im Box-Team von Yale.
- erzählt er, dass er schon fliegt, »seit ich auf der High School war«.
- trainierte er »Kampfsport an der Penn State« (Colt: »Ich dachte, an der Colorado Uni.« Howie: »Ach ja, ja.«)

Es gilt unter Fans als ausgemacht, dass Howie die Liste der belegten Studienfächer ausschmückt – in sieben Jahren könne man so viel, und vor allem: an so vielen verschiedenen Universitäten, ja gar nicht studieren, wie er studiert haben will. Kann man aber doch, sofern man seine Seminare gut über die Woche verteilt.

Howies Universitäten lassen sich fünf regionalen Zentren zuordnen: dem mittleren Norden, der Ostküste, dem Südosten, dem Südwesten und Österreich. Mal angenommen, Howie pendelte zwischen den Universitäten – montags bis mittwochs Buchhaltung in Oklahoma, donnerstags und freitags Buchhaltung in Arkansas –, ist es kein Problem:

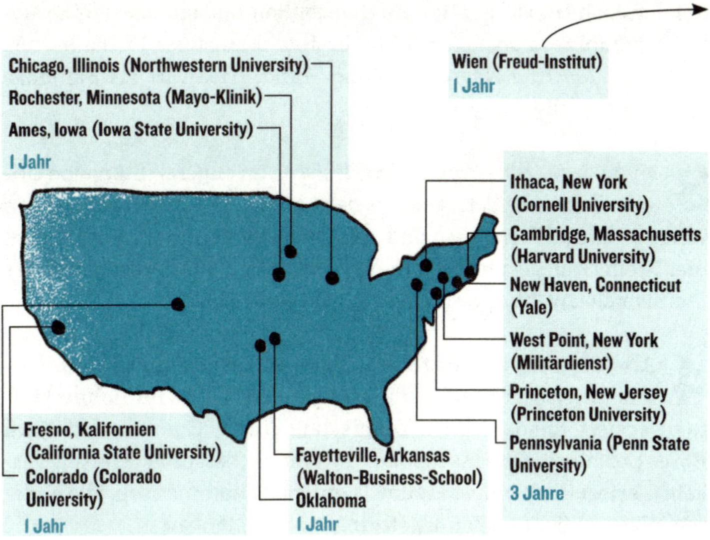

TOP TEN

Ganz großes Tennis

In den Achtzigern verbrachten kluge, junge, aufgeweckte, gut aussehende Menschen ihre Freizeit nicht nur damit, US-amerikanische Fernsehserien zu sehen. Sie schauten auch Tennis. Weshalb Tennis auch in US-amerikanischen Fernsehserien verarbeitet wurde.

1 A. J. ermittelt in der *Simon & Simon*-Folge »Vom Himmel hoch« undercover als Tennisprofi und muss gegen einen Kerl von jenseits des Eisernen Vorhangs antreten, Romaine Vlad, der dem Vernehmen nach mal Jimmy Connors geschlagen hat. Was wir lernen: Osteuropäer trugen in der Zeit des Kalten Kriegs keine Tennismarkenkleidung. A. J. und Rick aber waren keine Osteuropäer (Adidas, Nike). A. J. gibt übrigens beim Stand von 3:3 auf, weil es Wichtigeres zu tun gibt: Eine Kuckucksuhr ist kaputt.

2 In der *Hart aber herzlich*-Folge »Spiel, Satz, Mord!« organisiert Jennifer Hart ein Tennisturnier für wohltätige Zwecke. Der Spieler Josh Dunston nutzt die Gelegenheit und spioniert, eine Nylon-Strumpfhose über dem Kopf, in Jonathan Harts Firma herum. Die echte Martina Navratilova und Hund Friedwart als Balljunge spielen ebenfalls mit.

3 Nicht dass *Otto – Der Außerfriesische* im engeren Sinn eine US-amerikanische Fernsehserie der Achtziger wäre, aber immerhin werden darin *Miami Vice* und *Knight Rider* parodiert. Otto macht hier Steffi Graf, gespielt von Steffi Graf, darauf aufmerksam, dass es Tennisbällen wehtut, wenn man auf sie eindrischt.

4 Als Magnum von Higgins Zugang zu den Tennisplätzen verlangt, erwidert Higgins, die Plätze seien bereits für Robins Gäste reserviert, die damaligen Tennisstars Jimmy Connors und Björn Borg. Sozialkritische Komponente: Wer in besseren Kreisen verkehrt, kriegt den Schlüssel zum Tennisplatz automatisch, alle anderen müssen über den Zaun klettern.

5 Amanda beschießt in einer *Agentin mit Herz*-Folge einen Geiselnehmer in einem Sportgeschäft mit, bummbumm, Tennisbällen aus einer Ballmaschine. Der dreht sich verdutzt zu ihr um, und Amandas Kollege Lee kann ihn nun, bummbumm, in aller Ruhe fachmännisch erlegen. Ein paar Folgen später, bimmbamm, heiraten Amanda und Lee.

6 Auf der Suche nach einem Dieb fährt K.I.T.T. mit Michael Knight in der Folge »Computerspiele« in den Hillsdale Tennis Club. Dort spielt einer der Verdächtigen, Julian Groves, jeden Mittwochvormittag eine Stunde Tennis, und zwar schlecht. Im Club trinkt Michael »einen Doppelten«, nämlich doppelten frisch gepressten Orangensaft, wir befinden uns ja im Nachmittagsprogramm.

7 Auch Robin Masters richtet ein Tennisturnier aus. Magnum soll die junge Spielerin Carrie Reardon beschützen, die Morddrohungen erhält. Interessant: In *Magnum* trug man nicht nur Hawaiihemden, sondern auch, prominent im Bild, Sportkleidung von Fila.

8 Michael Chang, damals 17, besiegte 1989 den großen Ivan Lendl, damals 29: Chang stellte sich bei Lendls Aufschlag mitten in den Platz statt hinter die Grundlinie oder spielte eine einfache Vorhand als Aufschlag. Frechheit siegte. Zwei *Miami Vice*-Editionen der Michael Chang Reebok Pumps von 2006 und 2009 zeigen auf der Ferse Palme beziehungsweise Flamingo.

9 In *Ein Colt für alle Fälle* schaut sich Howie einmal bei einem Glas Milch ein Tennisspiel im Fernsehen an. Alkohol hat Colt verboten, wegen eines bevorstehenden Stunts. Es wird ein Rasenspiel übertragen, an dem ein Spieler namens McEnroe teilnimmt. Da Patrick McEnroe zur Zeit des Drehs noch nicht auf hohem Niveau spielte, kann es sich nur um dessen großen Bruder John handeln.

10 Remington Steele nimmt an einem Wettbewerb teil, bei dem ein besonders begehrter Junggeselle gekürt wird. Um seine Fähigkeiten zu testen, spielt die junge Miss Fairbush mit ihm Tennis. Das heißt, sie spielt, er steht neben der Ballmaschine und trinkt Champagner. Aber: Er trägt einen Trainingsanzug.

Fortbewegungsmittel, serienmäßig

FERRARI 308 GTS QUATTROVALVOLE

Magnum

Baujahr	1984
Räder	4
Sitzplätze	2
Leistung	240 PS
Höchstgeschwindigkeit	258 km/h
Länge	4380 mm
Breite	1720 mm
Höhe	1120 mm
Verbrauch	12,7 l/100 km
Leergewicht	ca. 1275 kg

Weitere Einsätze in: *21 Jump Street, MacGyver, Auf dem Highway ist die Hölle los* mit Burt Reynolds

Info: In der Serie tauchen drei verschiedene Ferrari GT-Modelle auf, neben dem Quattrovalvole zunächst auch der GTS und der GTSi.

BELL 222
Airwolf

Baujahr	**1980**
Räder	**3**
Sitzplätze	**je nach Sitztyp 7-10**
Leistung	**618-627 PS**
Höchstgeschwindigkeit	**240-268 km/h**
Länge	**15100 mm**
Breite	**12200 mm (Rotordurchmesser)**
Höhe	**3560 mm**
Verbrauch	**265 l/h**
Leergewicht	**ca. 2066 kg**

Weitere Einsätze in: *Das ausgekochte Schlitzohr ist wieder auf Achse* mit Burt Reynolds, *Trio mit vier Fäusten* (Nebenrolle)
Info: Die Daten sind jene des Bell 222. Der Fiction-Airwolf war bis zu 556 km/h schnell. (Wenn der Turbo nicht eingeschaltet war.)

AUBURN SPEEDSTER

Remington Steele

Baujahr	**1936**
Räder	**4**
Sitzplätze	**2**
Leistung	**150 PS**
Höchstgeschwindigkeit	**160 km/h**
Länge	**4930 mm**
Breite	**1800 mm**
Höhe	**1700 mm**
Verbrauch	**15,7 l/100 km**
Leergewicht	**ca. 1700 kg**

Weitere Einsätze in: *Dick Tracy*
Info: Bei den Dreharbeiten wurde wohl eine Nachbildung eingesetzt.

GMC VANDURA

Das A-Team

Baujahr	**1983**
Räder	**4**
Sitzplätze	**7**
Leistung	**143 PS**
Höchstgeschwindigkeit	**160-180 km/h**
Länge	**5130 mm**
Breite	**2020 mm**
Höhe	**2050 mm**
Verbrauch	**14-22 l/100 km, je nach Fahrstil**
Leergewicht	**ca. 2400 kg**

Weitere Einsätze in: *Auf dem Highway ist die Hölle los* mit Burt Reynolds
Info: In der Serie wurde vornehmlich, noch vor der Markteinführung des konkreten Modells, ein Vandura Baujahr 1983 benutzt.

PONTIAC FIREBIRD TRANS AM

Knight Rider

Baujahr	1982
Räder	4
Sitzplätze	3
Leistung	165 PS
Höchstgeschwindigkeit	235 km/h
Länge	4800 mm
Breite	1840 mm
Höhe	1260 mm
Verbrauch	12-14 l/100 km
Leergewicht	ca. 1430 kg

Weitere Einsätze in: *Auf dem Highway ist die Hölle los* und anderen Burt-Reynolds-Filmen
Info: Die hier genutzten Daten sind Pontiac-Daten, nicht K.I.T.T.s Daten. K.I.T.T. fährt bekanntlich bis zu 545 km/h schnell.

BENTLEY S3 CONVERTIBLE

Hart aber herzlich

Baujahr	**1962**
Räder	**4**
Sitzplätze	**4**
Leistung	**165 PS**
Höchstgeschwindigkeit	**170 km/h**
Länge	**5380 mm**
Breite	**1900 mm**
Höhe	**1630 mm**
Verbrauch	**ca. 20 l/100 km**
Leergewicht	**ca. 1900 kg**

Weitere Einsätze in: *Wall Street* (nicht als Cabriolet)

Info: Es hält sich hartnäckig die These, es handle sich um einen Bentley S1 von 1956. Der S1 hat jedoch links und rechts je eine Frontleuchte, der Bentley aus *Hart aber herzlich* je zwei.

GMC SIERRA GRANDE

Ein Colt für alle Fälle

Baujahr	1981
Räder	4
Sitzplätze	3 (plus Ladefläche)
Leistung	133 PS
Höchstgeschwindigkeit	135 km/h
Länge	5610 mm
Breite	2060 mm
Höhe	1950 mm
Verbrauch	15-25 l/100 km
Leergewicht	ca. 2330 kg

Weitere Einsätze in: *Knight Rider* (Statistenrolle)
Info: In der Serie wurden Modelle verschiedener Baujahre benutzt. Die genannten Daten sind Standarddaten des GMC-Modells.

VW RABBIT CONVERTIBLE

Remington Steele

Baujahr	1980
Räder	4
Sitzplätze	4
Leistung	78 PS
Höchstgeschwindigkeit	ca. 180 km/h
Länge	3945 mm
Breite	1610 mm
Höhe	1412 mm
Verbrauch	7,5 l/100 km
Leergewicht	790 kg

Weitere Einsätze in: *Die Hexen von Eastwick*
Info: Der Rabbit spielt, anders als viele andere Serienautos, keine Hauptrolle. Er ist aber ein sehr aussagekräftiges Accessoire: Laura Holt! Weißes Rabbit-Cabriolet! Genial!

NEBENHAUPTDARSTELLER

Wer nur ein bisschen mitspielte

- Faceman aus *A-Team* hatte im Pilotfilm noch ein anderes Gesicht: das des Schauspielers Tim Dunigan. Der soll dann aber zu jung ausgesehen haben für einen Vietnamveteranen, der Face nun einmal ist. Ab der zweiten Folge wird Face daher von Dirk Benedict gespielt. Dunigan bekam anschließend ebenfalls keine großen Rollen in *Cheers, Mord ist ihr Hobby* und *Beverly Hills, 90210.*
- David Hasselhoff ist David Hasselhoff, aber das Gesicht, das er als Michael Knight in *Knight Rider* trägt, wurde von einem Gesichtschirurgen gemacht: Michael Long, die eigentliche Identität Michael Knights, wurde gespielt von Larry Anderson. Für einige Minuten. Dann übernahm für den Rest der Serie Hasselhoff. Anderson machte anschließend Karriere als Stimme von Ronald McDonald und bei Scientology.
- Die Kautionsvermittlerin Samantha Jack (Jo Ann Pflug), die Colt Seavers als Kopfgeldjäger beauftragt, trägt den Spitznamen »Big Jack«. Nur im Pilotfilm heißt sie auch »Soapie«; ihr Leben, sagt Colt, sei nämlich »eine einzige Seifenoper«. In einer früheren Fassung der Serie hieß die Figur Soapie Sopanhouer, gespielt wurde sie von Janet Leigh (*Psycho*). Als Leigh durch Jo Ann Pflug ersetzt wurde, wurden die Szenen, in denen Colt mit ihr am Telefon spricht, nicht neu gedreht. Und deshalb nennt er Big Jack im Pilotfilm auch Soapie.
- Richard Baseheart hatte in *Knight Rider* einen sehr kurzen Auftritt – und war doch immer dabei. Als reicher Stinker Wilton Knight, der Michael Long das Leben rettet, spielt er in der ersten Folge mit – in der er allerdings sofort stirbt. Richard Baseheart bleibt der Serie jedoch als Erzähler erhalten.
- Robin Masters, auf dessen hawaiianischem Anwesen Thomas Magnum lebt, ist in der Serie nie zu sehen, allerdings zu hören: Orson Welles sprach ihn bis zu seinem Tod 1985 (deutsche Synchronstimme: Mario Adorf). Nach 1985 wurde Robin von Red Crandall und einem im Abspann nicht aufgeführten Sprecher gesprochen.

EMMYS

Die besten Serien der achtziger Jahre

Man könnte meinen, die in Deutschland bekanntesten US-amerikanischen Serien der Achtziger seien auch die gewesen, die in den USA seinerzeit die Fernsehserienpreise abräumten. So kann man sich täuschen:

- Die Serien, die in den achtziger Jahren bei den Emmy Awards dominierten, waren *Polizeirevier Hill Street, Cagney & Lacey, Chefarzt Dr. Westphall, L. A. Law, Die besten Jahre, Cheers, Golden Girls* und *Harrys wundersames Strafgericht.*
- Im Jahr 1984, in dem Tom Selleck für *Magnum* einen Emmy als bester Hauptdarsteller einer Serie bekam, ging der Emmy für die beste Serie an *Polizeirevier Hill Street.*
- Im Jahr 1986, als Edward James Olmos, der Lieutenant Castillo aus *Miami Vice,* einen Emmy als bester Nebendarsteller einer Serie bekam, ging der Emmy für die beste Serie an *Cagney & Lacey.*
- 1987, als John Hillerman einen Emmy als bester Nebendarsteller einer Serie für *Magnum* bekam, ging der Emmy für die beste Serie an *L. A. Law.*
- Im Jahr 1990, als Peter Falk einen Emmy als bester Hauptdarsteller einer Serie für *Columbo* bekam, ging der Emmy für die beste Serie an *L. A. Law.*
- Der einzige Hauptdarsteller aus den in diesem Buch vornehmlich behandelten zwölf Serien, der mehr als einen Emmy-Award gewonnen hat, ist William Daniels – die Stimme von K.I.T.T. Für seine Rolle als Dr. Mark Craig in *Chefarzt Dr. Westphall.*

Für Thomas Magnums Geburtstag werden in der Serie verschiedene Daten angegeben, es ist aber mehrmals der 8. August. Das ist auch der Geburtstag von *Magnum*-Erfinder Donald P. Bellisario.

KULTURVERGLEICH

Nichts gegen deutsche Serien, aber …

Deutsche Fernsehproduzenten fragen sich seit Jahrzehnten, warum US-amerikanische Serien beliebter sind als deutsche. Das können wir auch nicht beantworten, aber vielleicht finden sich in unseren Inhaltszusammenfassungen ein paar Hinweise?

1. Mai 1983, ARD, *Tatort:* »Blütenträume«
Der alte Seebär Harry trifft in Hamburg seine alte Liebe Jutta wieder, die als Kellnerin arbeitet. Als Harry dann einmal verrückterweise Taxi fährt, bekommt er Ärger mit dem Fahrer, weil er mit Falschgeld zu bezahlen versucht. So ein Schlingel! Ein für seine Verhältnisse vergleichsweise irrer Fall, den Kommissar Bergmann da lösen muss.

Darsteller u. a.: Lutz Moik

2. Mai 1983, ZDF, *Ein Colt für alle Fälle:* »Träume von Hawaii«
Stuntman Howie lernt Karate und kriegt dabei ziemlich auf die Fresse. Der coole Colt hat die Kampftechniken zum Glück schon drauf – bekommt er es doch auf Hawaii, wo er die extrem durchtriebenen Rio-Brüder schnappen soll, mit der japanischen Mafia zu tun. Für unseren Helden Colt ist das Alltag, für Zuschauer trotzdem nervenzehrend. Im finalen Schwertkampf geht es nicht nur um Leben und Tod; auf der Metaebene werden auch humanistische Werte verhandelt.

Darsteller u. a.: der Vollkontakt-Karate-Weltmeister und Bruce-Lee-Schüler Joe Lewis, der neben Chuck Norris als einer der größten Kickboxer aller Zeiten gilt

19. Januar 1984, ARD, *Hart aber herzlich:* »Mordsdiamanten«
Der Selfmade-Millionär Jonathan Hart und seine wunderschöne Frau Jennifer holen eine tot geglaubte Frau am Bahnhof ab – es ist Pearl, die Exfrau ihres Butlers Max. Gewissenlose Brutaloschläger versuchen aber, Pearls Gepäck zu stehlen. Es entspinnt sich ein doppeltes Verwirrspiel, in dessen Verlauf Max entführt wird. Können Jonathan und Jennifer das Blatt zum Guten wenden? Gurte anlegen, es wird spannend!

Darsteller u. a.: Stefanie Powers

20. Januar 1984, ZDF, *Derrick:* »Das Mädchen in Jeans«
Alwin Hauff hat vergiftete Süßwaren gegessen. Gab es keine Liste der Inhaltsstoffe auf der Packung, wie sie das deutsche Lebensmittelrecht vorschreibt? Kriminaloberinspektor Derrick, der Mann mit den Tränensäcken, macht derweil eine Entdeckung: Am besten kann er ermitteln, wenn er vorher auf dem trist gestrichenen Polizeirevier eine Tasse einigermaßen warmen Maschinenkaffees zu sich genommen hat. Pantoffeln anziehen, es wird magenschonend!

Darsteller u. a.: Horst Tappert

7. Januar 1985, Sat.1, *Galerie Buecher:* »Folge 1«
Diese frühe Seifenoper erzählt irgendwas von der Familie Buecher. Es gibt Carlos. Er ist Kunsthändler und streng. Dann seine Frau Margot. Sie ist unglücklich und hat eine Galerie. Dann Tochter Patrizia, die Model werden will. Katharina, die ins Reihenhaus strebt und mit Kai verheiratet ist. Und Kai hat irgendein Problem mit Carlos. Die Bahnhofsbuchhandlung unter den Fernsehsendungen.

Darsteller u. a.: Ilse Zielstorff

20. Januar 1985, ARD, *Magnum:* »Der gespielte Tod«
Jedes Kind, das Model werden will, kennt Erin Wolfe – doch die berühmte Schauspielerin hat sich, statt einfach nur läppisch unglücklich zu sein, konsequenterweise erschossen, mit einer Schrotflinte ins Gesicht. Oder doch nicht? Magnum hat Zweifel. Kein Wunder, findet er Wolfe doch auf einer einsamen Insel, auf der sie alleine mit ihrem Bikini Urlaub macht. Damit ist der Fall aber nicht geklärt, denn natürlich steckt mehr dahinter als ein bloßes Verwirrspiel: In dieser Episode gibt Ian McShane den Schurken – der Blackbeard aus Piraten der Karibik, der Judas aus Jesus von Nazareth. Großes Kino, obwohl es Fernsehen ist.

Darsteller u. a.: Tom Selleck

26. Januar 1986, ARD, *Lindenstraße:* »Bargeld«
Will Dr. Ludwig Dressler seinen Kollegen Prof. Erich Tenge-Wegemann einspannen, um für Frank einen Studienplatz zu bekommen, während Elisabeths Sohn Carsten erst noch Zivildienst leisten muss? Gemeinheit! Hans Beimer entdeckt währenddessen, dass er jahrelang zu hohe Heizkosten bezahlt hat.

Darsteller u. a.: Ludwig Haas

27. Januar 1986, ARD, *Simon & Simon:* »Hoppla, die Karten kommen«

Rick Brewster kommt! Der Rockstar spielt in der Westküstenmetropole San Diego! A. J. und Rick, die beiden Detektive, besorgen Karten für ihren Großonkel und kommen dabei dem im großen Stil stattfindenden Handel mit Schwarzkarten auf die Spur. Ein schwer zu durchschauendes Geflecht breitet sich da vor den Brüdern aus, die schließlich beherzt verhindern, dass Brewsters Manager über den Jordan geschickt wird. Familie, Schwarzhandel, Blut, Bruderzwist, Rock'n'Roll – alles drin, außer Heizkostenrechnung und Zivildienstleistende.

Darsteller u. a.: Joey Travolta, der Bruder von John

20. Oktober 1987, ARD, *Die glückliche Familie:* »Das erste Mal«

Bei der Familie Behringer geht was ab! Die kleine Tochter hat sich den Magen verdorben, Mutter Maria aber muss eigentlich arbeiten. Der Familienvater natürlich auch. Kann die ältere Tochter, Katja, einspringen? Nein, sie muss studieren! Wie regelt man jetzt die Langeweile des Alltags?

Darsteller u. a.: Maria Schell

20. Oktober 1987, ARD, *Das A-Team:* »Der Kronzeuge«

Entführung! Jenny Olsen ist weg. Jennys Vater George soll als Kronzeuge gegen Tommy Largo aussagen, einen der übelsten Verbrecher der ganzen großen Stadt – daher hat George sofort Largo im Verdacht und alarmiert das A-Team. Die Welt ist allerdings wieder einmal nicht so einfach, wie sie zunächst scheint ... Eine Geschichte, die von wahren Helden handelt, zu denen man aufschauen kann. Selbstredend mit gewaltiger Eskalation im Mittelteil und am Ende!

Darsteller u. a.: Mr. T

6. Oktober 1988, ZDF, *Agentin mit Herz:* »Mr. Kings Heimkehr«

Amandas Exmann, der in der Entwicklungshilfe arbeitet, soll den Premierminister von Estoccia erschossen haben. Kann das sein? Amanda, Lee und der Premierminister, dessen Wiederauferstehung ein deutliches Indiz dafür ist, dass es sich bei dessen Erschießung nur um ein Gerücht handelt, kommen den Drahtziehern der Verschwörung auf die Spur. Ein Politthriller – nichts für Menschen mit Herzinsuffizienz.

Darsteller u. a.: Bruce Boxleitner

8. Oktober 1988, ZDF, *Die Schwarzwaldklinik:* »Der Anfang vom Ende«

Professor Brinkmann begrüßt den neuen Oberarzt Dr. Borsdorf. Otto Heinsen verlebt einen Kurzurlaub im Schwarzwald. Und Christa geht abends in Konstanz spazieren. Rezeption aus medizinischer Sicht unbedenklich.

Darsteller u. a.: Sascha Hehn

30. Dezember 1989, ARD, *Miami Vice:* »Alleingang«

Ricardo Tubbs, der mit Laura zusammen ist, lässt sich einlochen – er soll den Kokainring hochnehmen, den einige korrupte Gefängniswärter aufgebaut haben. Er hat persönliche Aktien in der Geschichte: Laura wird bei einem Streit, den Tubbs, Crockett und sie beobachten, erschossen. Im Knast fliegt Tubbs dann auf und wird nun selbst mit dem Tod bedroht. Die Welt ist ein Jammertal in Miami, und ein blutiges dazu.

Darsteller u. a.: Don Johnson

1. Januar 1990, ZDF, *Diese Drombuschs:* »Abschied im Zorn«

Brigitte kehrt nach vier Wochen aus Asien zurück und will nun Martin zurückgewinnen, obwohl doch die Scheidung bevorstand. Marion betreibt mit Dr. Peter Wollinski eine Praxis. Und Yvonne wird Kellnerin im Lokal, das Ludwig nun betreibt, nachdem Vera es von Marion gekauft und nun an ihn verpachtet hat. Hoffentlich gibt's auch Handkäs.

Darsteller u. a.: Witta Pohl

In einer Reunion-Folge von *Hart aber herzlich* spielte 1995 der deutsche Schauspieler Sebastian Koch mit.

Ein für die Musik bei *Magnum* zuständiger Redakteur hieß Arnold Schwarzwald.

Ost-Westfernsehen

Besonders viele amerikanische Serien schafften es nicht in das Fernsehen der DDR. *Daniel Boone,* eine Westernserie, wurde in den Siebzigern ausgestrahlt, ebenso einige Folgen der Detektivserie *Der Außenseiter,* die in der ARD *Der Einzelgänger* hieß. Und dann gab es noch *Banacek,* eine in Amerika wenig erfolgreiche Krimiserie mit John »Hannibal« Smith alias George Peppard. Erst nach der Wende zeigte der DFF im Regionalfenster der ARD die Serie *Knight Rider,* die im Westen bekanntlich bei RTL lief. Während also US-Serien nur ausnahmsweise in die DDR gelangten, waren vor allem DDR-Agenten immer wieder gern gesehene Gäste in US-Serien:

- In der *Airwolf*-Folge »Immer Ärger mit den Frauen« wird Archangel nach Ostdeutschland entführt. Gefangen gehalten wird er auf einem erkennbar unter kalifornischer Sonne vor sich hin brütenden Fantasiekastell, das sich laut Einblendung aber irgendwo bei »Magdenburg« befinden soll. Auch die übrige DDR sieht arg nach Pappmaschee aus. Hawke, der Archangel befreien will, wird in Ostberlin beinahe von Vopos (in blauen Freestlye-Uniformen) festgenommen, weil er ihnen nicht auf Deutsch antworten kann. Doch die geheimnisvolle Agentin Maria von Förster errettet ihn, im Original mit den wunderbar denglischen Worten: »Er ist taub, er kann es nicht helfen.«
- Auf »Ein riskantes Abenteuer« lässt sich bei *Agentin mit Herz* der Chef der Imbisskette Chickie Quickie ein (die im amerikanischen Original aus unerfindlichen Gründen Quickie Chickie heißt). Er schließt nämlich einen bahnbrechenden Vertrag mit der Deutschen Demokratischen Republik, um sein Fast Food auch hinter dem Eisernen Vorhang anbieten zu können. Beziehungsweise, wie er es formuliert: »Und schon bald werden unser Chickie Quickie Chicken Snack Hähnchen mit fröhlichem Flügelschlag über die Berliner Mauer flattern.« In Wahrheit, das liegt natürlich auf der Hand, sollen die Geschäftsbeziehungen des Hähnchenbraters dem DDR-Geheimdienst nur zu Informationen über die Standorte der Pershing-Raketen verhelfen.

- In der Folge »Ein nützliches Spielzeug« von *Trio mit vier Fäusten* werden in der wie immer übervorsichtigen ZDF-Synchronisation aus Agenten, die für das ostdeutsche Konsulat in L. A. arbeiten, Mitarbeiter eines anonymen »ausländischen Konsulats«, aus deren Chefs in Ostberlin werden die »Bosse in Ihrer Hauptstadt«.
- Und auch bei *Miami Vice* kriegt man es mit der Hauptverwaltung Aufklärung zu tun. Die Mutter von Sonnys und Tubbs' Kollegin Gina war mit Klaus Herzog, der Nummer 5 des DDR-Geheimdienstes, zusammen, als sie 1961 in Kuba ermordet wurde. Gina und Herzog treffen sich, als das Team von Miami Vice und er in der Folge »Helden der Revolution« unabhängig voneinander einen gewissen Pedrosa jagen.
- In der Folge »Touch Down« reist das A-Team in die DDR ein, um die Frau eines Biochemikers in die USA zu bringen. Das gelingt dem Team, indem Hannibal, verkleidet als Besitzer des Football-Teams Texas Angels, das American-Football-Nationalteam der DDR als gedopt bezeichnet, woraufhin die Texas Angels eingeladen werden, sich von der ostdeutschen American-Football-Truppe auf dem Spielfeld vermöbeln zu lassen. Jedenfalls: So gelangt das A-Team also in die DDR. (Murdock tarnt sich hier als Journalist »Klaus Heinrichs, Socialist Daily News«.) Ruft man beim American Football Verband Deutschland an, um einige Details der Episode nachzuprüfen, sagt der Pressesprecher: »Ah, die berühmte *A-Team*-Folge«, lacht und stellt klar: »Es gab in der DDR keinen American Football.« Bis zum Fall der Mauer war der Sport als Disziplin des Klassenfeinds verboten und wurde vom Deutschen Turn- und Sportverband der DDR nicht unterstützt.

Die Serie über einen Vietnamveteranen und Privatdetektiv, der in einem Guesthouse lebt, Ferrari fährt und mit zwei Freunden namens TC und Rick durchs Leben streift, die Hubschrauber fliegen bzw. eine Bar besitzen, hieß in der ersten Version *H.H. Flynn*. Ihr Autor, Donald P. Bellisario, schrieb sie später zu *Magnum* um.

DAS A-TEAM

Hannibal, der Karnevale

John Smith ist eigentlich ein guter Name, um nicht aufzufallen. Aber Profis gehen auf Nummer sicher, und so schlüpft John Smith alias Hannibal im A-Team dann doch noch in die eine oder andere Verkleidung. Er geht als ...

das Seeungeheuer Aquamaniac bei den Dreharbeiten zum Film *Aquaman 2* • Mr. Lee, der chinesische Inhaber einer Wäscherei • ein Filmagent mit Goldkette, der Hannibal bei dem Monsterfilmproduzenten André vertritt • Friseur, der einen Heißluftballon mit einem Fön füllt • alternder Ex-Boxchamp • Cowboypuppe vor einem Wild-West-Souvenirladen • Busfahrer, der Auftraggeberinnen abholt • Gangster Tony Vincent aus Atlantic City • Page in einem Casino-Hotel • Hotelpage (2) • Hotelpage (3) • blinder Betreiber eines Ladens für Fernsehreparaturen • ziegenbärtiger Krankenhauspfleger mit Kopfhörern • Polizist • Polizist (2) • Polizist (3) • Polizist (4) • Edward Beller III., Vizepräsident der Fluggesellschaft Beller Air • Hawaiihemd tragender Taxifahrer • Hochzeitskellner in rotem Jackett • Kellner bei der Premierenparty eines Kinofilms • Kellner in rotem Jackett (2) • Kellner in rotem Jackett (3) • Kellner in anderem Jackett • Schießbudenbesitzer • OP-Chirurg • Chirurg (nicht im OP) • Golfcaddie • Mexikaner namens Sergio Borges • Hotdog-Verkäufer • reicher Texaner • Koch bei einem Festbankett • Murdocks vollbärtiger Pfleger • Bauarbeiter • Fernsehregisseur (von KKGB-TV) im schwarzen Dreiteiler • Belüftungstechniker der Firma Mike's • Klimaanlagentechniker der Firma Beller • bärtiger Zeichner eines Dinosaurierskeletts im Naturkundemuseum • Colonel Harrison Smith von der Pentagon-Inventurabteilung • backenbärtiger Angler • Onkel Ned, ein Millionär im Casino • Onkel Ned, diesmal nicht definiert als Millionär, sondern einfach als ganz normaler Spieler • U.S. Marshal • britischer Rockkonzertveranstalter • Taxifahrer, der Lösegeld übergibt • Angestellter eines Sicherheitsdienstes • Kuhhändler • langhaariger Surfer • Kauz mit Augenklappe im Kino • Monster im Film *Gatorella* • Monster im Film *Killgator* • Leo the Lizard im Monsterkostüm • Ruff, der Bär, in einer

Kindersendung • Poolboy • Fensterputzer im blauen Overall • glatzköpfiger Billardspieler • Murdocks Mama, die Vertreterin der Mietervereinigung • Feuerwehrmann • Feuerwehrmann (2) • obdachloser Trinker • Obdachloser namens Jim Beam • obdachlose Frau • Obdachloser ohne auffällige Merkmale • Obdachloser ohne auffällige Merkmale (2) • irischer Barkeeper • Figur im Wachsmuseum • älterer Zeitungshändler • Mitglied der Eddie-Devane-Gang, das Tommy Largos Club verwüstet • Cowboy Rufus Cantrell • Angestellter eines Sicherheitsdienstes • Danny Diamond, der Manager der Band The Bells • Captain von der Hafenwache • Colonel Decker, der Jäger des A-Teams • schnurrbärtiger Ire Sean O'Shea III. • Boxmanager Jimmy Pearl • Flugzeugwartungstechniker in Kenia • alter Mann • der Kriminelle Joey Naples • Angestellter eines Klamottenladens • sehr bärtiger Autolackierer • Dr. Johnny Fever, der in einem Plattenladen arbeitet • blinder Tankwart • alter Fischer • Rabbi • Bauchladenverkäufer beim Catchen • FBI-Agent • John, der Onkel von Rennfahrer Kid Harman • Bühnentechniker • einflussreicher Filmproduzent • Countrysänger Cowboy George • Anwalt Mike Tackabee • Goldgräber • Söldner namens Piko Bob • Nonne • Priester • Millionär Billy Bob Smith, Besitzer des American-Football-Teams Texas Angels • Henker • Murdocks Psychiater.

NEBENDARSTELLER

Drei Spezialisten

Beverly Garland (1926-2008) konnte besonders gut Mutter sein. Darum spielte sie nicht nur über vier Staffeln *Agentin mit Herz* hinweg Amanda Kings Mutti Dotty West ...

... sondern zumindest in zwei frühen Episoden von *Remington Steele* auch Abigail, die Mutter von Laura Holt.

Jack Ging (geb. 1931) konnte besonders gut eine Landplage sein. Darum spielte er nicht nur den mürrischen Polizisten Lieutenant Ted Quinlan, der in *Trio mit vier Fäusten* den Detektiven von der Riptide immer wieder Steine in den Weg legt ...

... sondern auch den General Harlan »Bull« Fulbright, der von Colonel Decker die undankbare Aufgabe übernimmt, das A-Team zu jagen.

Dana Elcar (1927-2005) konnte besonders gut Chef sein. Darum spielte er nicht nur Pete Thornton, MacGyvers väterlichen Freund und Boss bei der Phoenix Foundation ...

... sondern in einer Episode von *Agentin mit Herz* auch Billy Melrose's Vorgesetzten, den Geheimdienstdirektor Mitch Larner, der Amanda fälschlich verdächtigt, eine Doppelagentin zu sein.

Der Film *Snatched* von 1989 ist die Pornoversion von *Simon & Simon*. Die Brüder B. J. und Dick Simmon sind Detektive, die von einer schönen Klientin gegeneinander ausgespielt werden. Auszug aus der einzigen Rezension in der International Movie Database: »Für einen nicht jugendfreien Film ist selbst die Schauspielerei ordentlich, die Kameraführung hervorragend, und es ist wirklich ein Film, bei dem Sie nicht dauernd auf die Vorspultaste drücken werden.«

TOP TEN

Beliebte Vornamen der Achtziger

Mädchen	Jungen	Girls (USA)	Boys (USA)
1 Julia	1 Christian	1 Jessica	1 Michael
2 Stefanie	2 Sebastian	2 Jennifer	2 Christopher
3 Anna	3 Jan	3 Amanda	3 Matthew
4 Katharina	4 Daniel	4 Ashley	4 Joshua
5 Katrin	5 Stefan	5 Sarah	5 David
6 Sandra	6 Alexander	6 Stephanie	6 James
7 Sarah	7 Michael	7 Melissa	7 Daniel
8 Nadine	8 Dennis	8 Nicole	8 Robert
9 Jennifer	9 Martin	9 Elizabeth	9 John
10 Melanie	10 Florian	10 Heather	10 Joseph

Oder mal was Ausgefalleneres? Schöne Serienfigurennamen zum Nachmachen

Für Jungen

1 Sir Algernon Farnsworth *(Magnum)*
2 Friedwart *(Hart aber herzlich)*
3 Killer Typhoon *(Ein Colt für alle Fälle)*
4 Faceman *(Das A-Team)*
5 Monster *(Ein Colt für alle Fälle)*

Für Mädchen

1 Bambi *(Ein Colt für alle Fälle)*
2 Klopfer *(Ein Colt für alle Fälle)*
3 Myrtle Groggins *(Remington Steele)*
4 Black Orchid *(Magnum)*
4 Gatorella *(Das A-Team)*

LEITMOTIV

Das Vietnam-Trauma

Im Grunde ging es in den Serien der Achtziger immer nur um ein Thema: den Vietnamkrieg. Der war zwar seit 1973 für die USA beendet, aber so gut wie alle männlichen Protagonisten waren in »'Nam« gewesen: das gesamte A-Team, Sonny Crockett, Nick und Cody von der Riptide, Lee Stetson, Colt Seavers, Thomas Magnum, Huckleberry Hawke, Angus MacGyver, Rick Simon und Michael Knight, der, als er noch Michael Long war, in Vietnam sogar schwer verwundet wurde. (Nur deswegen hat er die Metallplatte im Kopf, die ihm das Leben rettet, als im Pilotfilm auf ihn geschossen wird.) Lediglich Remington Steele war als Brite nicht dabei, und der etwas ältere Jonathan Hart hatte statt dem Vietnam- den Koreakrieg mitgemacht.

Bezüge zum Krieg tauchen in vielen Serienfolgen auf. Aber ein besonderes Thema ist das Vietnam-Trauma. Tatsächlich soll etwa ein Drittel der Soldaten zumindest zeitweise an einer posttraumatischen Belastungsstörung gelitten haben. Viele hatten Probleme, sich wieder ins Zivilleben zu integrieren, wurden drogensüchtig oder straffällig. Mehr als 60 000 Vietnamveteranen haben bis heute Selbstmord begangen.

Einige Beispiele für die Aufbereitung des Themas in den Serien:

- Der einzelgängerische Hawke aus *Airwolf* ist unter den Serienhelden am deutlichsten traumatisiert. Nicht nur von dem, was er selbst in Vietnam erlebt hat, sondern auch, weil sein Bruder St. John zu den etwa 1350 Soldaten gehört, die nach Ende des Krieges entweder Gefangene oder, wie in St. Johns Fall, verschollen waren. Immer wieder sucht Hawke in Vietnam und Laos nach seinem Bruder. Wie tief sich Vietnam bei Hawke eingegraben hat, zeigt sich auch daran, dass er seinen Hund »Tet« genannt hat, nach der Tet-Offensive der Nordvietnamesen von 1968.
- Thomas Magnum wird immer wieder von Erinnerungen an Vietnam eingeholt. In der Folge »Ein langer Abschied« spricht er von einem Halbbruder, Joey, der im Krieg ums Leben kam. Zudem

glaubt er lange, dass Michelle, die er während des Kriegs heiratete, in Saigon gestorben sei. Sie, eine Agentin, taucht nach knapp zehn Jahren allerdings wieder auf.

- MacGyver wird in der Folge »Giftmüllbeseitigung ganz modern« vom Einsiedler Earthquake unterstützt. In entscheidenden Momenten wird Earthquake von seinen Erinnerungen an den Krieg durchzuckt. Er hatte eine Vietnamesin geheiratet, die bei einem Kreuzfeuer getötet wurde, wofür er sich die Schuld gibt.
- Bei ein *Colt für alle Fälle* leidet Pat Patterson, ein Freund von Colt Seavers (dessen eigene Vietnamkriegs-Vergangenheit keine große Rolle spielt), an Schuldgefühlen. Er wirft sich in der Folge »Alptraum« den Tod von achtzehn Kameraden vor.
- In der *Trio mit vier Fäusten*-Folge »Kriegstrauma« wird Nicks Freundin Peggy Zeugin eines Autounfalls. Durch den Anblick eines Verletzten wird sie von ihren schrecklichen Erinnerungen an den Einsatz als Krankenschwester in Vietnam überwältigt, am Ende beginnt sie eine Therapie in einem Veteranenkrankenhaus.
- Vielleicht am intensivsten und realistischsten mit dem Vietnam-Trauma auseinandergesetzt hat sich die *Simon & Simon*-Folge »I Thought the War Was Over«, die in Deutschland nie ausgestrahlt wurde. Die Stimmung der Episode wird schon beim Einstieg mit Marvin Gayes aus der Perspektive eines zurückkehrenden Vietnamveteranen gesungenem Song »What's Going On« festgelegt: Rick Simon erfährt, dass ein Kriegskamerad, der ihm einst das Leben gerettet hatte, bei einem Überfall erschossen wurde. Der Tod des Freundes wirft Rick völlig aus der Bahn, und sein bis dahin unterdrücktes Trauma bricht mit depressiven Schüben auf. Sein Bruder und seine Mutter versuchen, ihn zu einer Therapie zu überreden, genau wie sein alter Kommandeur. Rick geht aber erst darauf ein, nachdem er beinahe seine Mutter geschlagen hätte. Die Folge zeigt die Gruppentherapiesitzungen im Veteranenkrankenhaus und endet mit einem Besuch der Simon-Brüder am *Vietnam Veterans Memorial* in Washington.

BASTELSTUNDE

MacGyverismen

Angus MacGyver ist Agent und verweigert trotzdem die Nutzung handelsüblicher Waffen. Er besitzt ein Schweizer Taschenmesser und Klebeband, mit denen er alle möglichen Situationen meistert. Das klingt erst einmal ein wenig unwahrscheinlich, ein Friseur benutzt ja auch keine Zahnstocher zum Haareschneiden. Aber MacGyver ist nicht nur clever, sondern vor allem auch ein Fernsehheld, deswegen geht das trotzdem. Eine sehr kleine Auswahl:

- MacGyver, Pazifist, der er ist, schneidet aus einem Bambus ein Blasrohr und nietet zwei Gegner mit spitzen Holzstückchen um, die er in Pflanzengift getränkt hat.
- MacGyver befreit sich, indem er die Kabelbinder, mit denen er gefesselt ist, an einem Heizdraht durchschmort, den er mit einem zufällig in seinem Gefängnis herumliegenden Kleiderbügel aus der Wand zieht.
- MacGyver benutzt seinen Gürtel als Verbindungsstück zwischen Wasserhahn und Steckdose, lässt Wasser in die Dose laufen und verursacht so einen Kurzschluss.
- MacGyver schüttelt Hunde ab, indem er Parfüm verschüttet.

- MacGyver macgyvert aus Bambus, einer Zeltplane und einem Zementmischer ein Ultraleichtflugzeug zusammen.
- MacGyver lädt eine Autobatterie auf, indem er sie mit Rotwein befüllt.
- MacGyver überwindet eine Lichtschleuse, indem er das Licht mit einem Glasfaserkabel umlenkt.
- MacGyver kuriert seinen Schnupfen mit Wundermitteln aus dem Supermarkt.
- MacGyver füllt Gewürze, Backpulver und Essig in eine leere Plastikwärmflasche. Dann rammt er sein Taschenmesser in die Flasche, die Flüssigkeit schießt wie Champagner heraus – und zwar auf einen Supermarkträuber, der sich im Wortsinn die Augen reibt. MacGyver überwältigt ihn spielend.
- MacGyver haut den dritten Supermarkträuber mit einem Dosenwurf um. (Den zweiten schnappt eine alte Frau mit ihrem Einkaufswagen.)
- MacGyver durchbricht die Tür seines Gefängnisses mit einem Bettgestell: Er spannt es mit Hilfe der Sprungfedern und lässt es auf die Tür prallen, so dass diese aus der Wand bricht.
- MacGyver schützt sich vor Schlangen, indem er Kerosin verschüttet, das er zum Glück gerade dabei hat. Das vertreibt Schlangen bekanntlich.
- MacGyver überbrückt mit einem Kaugummipapier eine defekte Sicherung.
- MacGyver benutzt eine Kameralinse als Lupe.
- MacGyver brütet mit heißem Öl und einem Polster ein Vogelei aus.
- MacGyver simuliert Hubschraubergeräusche, indem er Werkzeug am Deckenventilator befestigt.
- MacGyver baut einen Kinderwagen zum Rollstuhl um.
- MacGyver repariert einen Lkw mit einer Kugelschreiberfeder.
- MacGyver steckt zwei Ionenleiter in einen Kaktus und gewinnt so Strom.
- MacGyver vertauscht Kabel, um einen Kurzschluss zu verursachen.
- MacGyver holt unter Wasser durch ein Schilfrohr Luft.
- MacGyver kopiert mit Kreide und Wachs einen Fingerabdruck.
- MacGyver benutzt einen Fahrradschlauch als Schleuder.
- MacGyver entschärft mit einer Büroklammer eine Bombe.

LIEBLINGSTHEMA

Alles Nazis!

In der in Deutschland nicht ausgestrahlten *Agentin mit Herz*-Folge mit dem schönen Titel »Our Man In Tegernsee« wird Amanda in München als vermeintliche Geldfälscherin verhaftet. Es stellt sich bald heraus, dass ihr das Geld untergejubelt wurde. Die Scheine stammen von einer Bande von Neo-Nazis, die sich am Tegernsee angesiedelt haben. Im See soll ein Nazi-Schatz versteckt sein, den sie heben wollen, um damit die Rückkehr ihres Anführers aus Paraguay zu finanzieren und den Durchbruch ihrer Bewegung in der Bundesrepublik zu finanzieren. Nun gut, kein Wunder, dass das ZDF diese Folge damals nicht ausgestrahlt hat.

- In der *Airwolf*-Folge »Von der Vergangenheit eingeholt« eilt die Crew der jungen Sarah zur Hilfe, deren Vater, ein Nazi-Jäger, von dem Alt-Nazi Helmut Krüger ermordet wurde, der sich als »Hans Daubert« eine neue Existenz als Waffenhändler aufgebaut hat. Und er hält sich wo versteckt? Selbstverständlich in Paraguay.
- Ein Nazi-Jäger spielt auch in der *Miami Vice*-Folge »Schatten der Vergangenheit« eine Rolle. Auf Leo Krebbs wird ein Attentat verübt. Täterin ist die Tochter des Nazi-Verbrechers Hans Kozak, die systematisch alle Zeugen für die Untaten ihres Vaters aus dem Weg räumt.
- In der *Airwolf*-Episode »Geiselnahme« stiehlt eine Gruppe Neo-Nazis hochradioaktives Plutonium. So geht's natürlich nicht. Das Zeug zurückzubeschaffen ist selbstredend eine Aufgabe für Hawke und Team.
- Auch in der Folge »Gefallener Engel« mischt ein Nazi mit. Der fiese Karl Kruger hat Archangel entführt und ihn in die DDR verschleppt, wo er ihn den Sowjets übergeben will.
- Das A-Team bekommt es in der Folge »Die versunkene Stadt« ebenfalls mit den Nazis zu tun, genauer mit dem Kriegsverbrecher Roidermann, der im Amazonas-Dschungel an einem Atomreaktor baut. Aber nicht mehr lange, nachdem das A-Team ihm erst einmal auf die Spur gekommen ist.

- Jennifer Harts Vater schwebt in der *Hart aber herzlich*-Folge »Wiedersehen mit Daddy« in höchster Gefahr. Christian Obermanns Vater Joseph wurde nach dem Zweiten Weltkrieg als Kriegsverbrecher hingerichtet. Sein Sohn will nun die Männer töten, die ihn damals festnahmen.
- Braun angehaucht ist auch die Biker-Bande, an die Colt Seavers in der Folge »Der Rockerchef« gerät. In ihrer Holzhütte hängen Nazi-Symbole. Einer der Rocker trägt sie gar vorne auf der Jacke, ein anderer hat einen alten deutschen Stahlhelm auf.
- Die *Magnum*-Folge »Abrechnung mit der Vergangenheit« stammt zwar aus der ersten Staffel der Serie, wurde in Deutschland aber erst 1991 zum ersten Mal ausgestrahlt. Ein älteres Ehepaar, beide Holocaust-Überlebende, scheint sich in Not zu befinden, der Mann wird gar entführt. Doch dann stellt sich heraus: Sie sind selbst alte Nazis, die nach dem Krieg eine falsche Identität angenommen haben.
- Nie gezeigt wurde im deutschen Fernsehen die Folge »The Twisted Cross« von *Trio mit vier Fäusten*. Darin kommt eine Neo-Nazi-Gruppe vor, die mit Hakenkreuzbinden und im reinsten SA-Look durch L. A. paradiert. Nick, Cody und Murray versuchen, den jungen Chad dem üblen Einfluss seines Vaters zu entziehen und nebenbei einen Sprengstoffanschlag auf Nazi-Gegner zu verhindern.

Nazis strich das ZDF selbst da, wo sie nur im Text vorkamen: Der Dialog beim Kennenlernen von Amanda und Lee war jedenfalls im Original etwas spritziger:

Deutsche Fassung:
Amanda: »Wie haben Sie mich denn gefunden?«
Lee: »Wir haben da Erfahrung.«
Amanda: »Den Satz habe ich schon öfter gehört, und zwar von unseren Politikern.«
Lee: »Dann kann ich ja immer noch in die Politik gehen.«

Originalfassung:
Amanda: »How did you find me?«
Lee: »We have our ways.«
Amanda: »I thought only spies and Nazis said that.«
Lee: »Well, I'm not a Nazi ...«

ZIGARREN

Rauchende Colts (und Howies)

In den US-amerikanischen Fernsehserien der achtziger Jahre wurde kaum eine Zigarette geraucht. Na gut, in *Miami Vice* hin und wieder mal ein paar Schachteln ohne Filter. Aber insgesamt lebten die Serienhelden sehr gesund, sie rauchten nämlich lieber Zigarre.

Hannibal Smith vom A-Team raucht im Vorspann, im Auto, im Hubschrauber und im Aquaman-Kostüm. Immerhin, beim Knutschen nimmt er die Zigarre aus dem Mund.

Hannibals Zigarren tragen keine Bauchbinde, anhand deren die Marke bestimmbar wäre. Sicher ist, dass es sich um recht lange schlanke Zigarren handelt; und der Gedanke liegt nahe, dass Peppard, der auch jenseits von *A-Team* so gut wie keine Rolle spielte, in der er keine langen schlanken Zigarren rauchte, seine eigene Marke mitgebracht hat. Man weiß immerhin, dass es sich hierbei um Panatelas handelte.

Panatela bezeichnet nicht die Marke, sondern die Form. Das traditionelle Zigarrenmaß, an dem alle anderen Zigarren gemessen werden, ist die Corona mit einer mittleren Größe von 140 bis 152 Millimetern und einem Ringmaß von 42 oder 44 (was bekanntlich einem Durchmesser von knapp 17 Millimetern entspricht). Panatelas sind dünner als Coronas. Bei einer Länge von 100 bis 175 Millimetern haben sie einen Durchmesser von zirka 10 bis 11 Millimetern.

Thomas Magnum raucht in allen acht *Magnum*-Staffeln insgesamt ziemlich genau 17 Zigarren. Das entspricht ungefähr der Zahl, die Hannibal Smith in vier Folgen schafft. Magnum beschafft sich seine Zigarren bisweilen aus Higgins' Büro. In dessen Humidor lagern, wie Higgins wissen lässt, importierte handgemachte Zigarren von den Kanarischen Inseln.

Dem Augenschein nach dürfte es sich um Zigarren im Corona-Format handeln, mit einem grob geschätzten Ringmaß von 43 und einer Länge von 140 Millimetern. Denkbar ist, dass es sich um Don Diego- oder Dunhill-Zigarren handelt, genauer um Coronas Bravas, Coronas Major oder Dunhill-Coronas. Don Diegos wurden bis mindestens 1983 auf den Kanarischen Inseln in nennenswertem Umfang produziert, Dunhill-Zigarren mit der schwarz-weißen Bauchbinde werden nach wie vor auf den Kanaren hergestellt. Beide Zigarrensorten sind von eher mildem Geschmack.

Colt Seavers sieht man im Vorspann von *Ein Colt für alle Fälle* Zigarre rauchend in seiner Freiluftbadewanne sitzen. Deshalb gilt die Zigarre im Mundwinkel als sein Markenzeichen. Sie könnte dem Ringmaß nach eine Corona sein.

Allerdings ist nicht Colt der wahre Raucher der Serie – Howie ist es. Howie raucht mal Zigarillo, mal lässt sich eine dicke Churchill erahnen. Colt ist bestenfalls Genussraucher. Zugleich ist er von der ersten Folge an ein Antiraucher: »Ihr habt doch nichts dagegen, wenn ich rauche, oder?«, fragt Howie da im Wohnwagen. Darauf Jody und Colt unisono: »Doch.« In der Folge »Verführerische Diebe« stört sich Colt sogar daran, dass Howie in einer Bar Zigarre raucht, und fächelt sich Luft zu. Colt ist, alles in allem, als genussrauchender Sozioasthmatiker angemessen beschrieben.

Einmal, als Butler Max in den Urlaub fährt, schenken ihm Jonathan und Jennifer Hart eine aus Kanada importierte kubanische Zigarre. Dann stirbt der Verkäufer; die besagten Zigarren enthalten wohl einen giftigen Inhaltsstoff. Die Harts machen sich daraufhin auf die Suche nach Max, um ihn vom Zigarrenkonsum abzuhalten. Wie in keiner anderen Serie wird hier glaubhaft die Botschaft vermittelt, dass Rauchen ungesund ist. Prädikat: pädagogisch wertvoll.

Pierce Brosnan gehört zusammen mit Winston Churchill und Snoop Dogg zu den Männern, die es geschafft haben: Er war auf dem Cover eines Zigarrenfachmagazins abgebildet. Er sagt, er habe im dritten Jahr der *Remington Steele*-Produktion Geschmack an Zigarren gefunden. Warum? Weil Steele halt ab und zu mal eine Zigarre raucht. Brosnan zeigt sich öffentlich zum Beispiel gern mit einer El Rey del Mundo aus Cuba.

Was auf Murdocks T-Shirts steht

- Napoleon
- Alexander the Great
- Why be normal?
- I ♥ NY
- Bring back the dodo
- Dinky Donky
- Why me?
- The wonderful world of fungus
- Camels are heavy smokers
- Poets contrive, but pigs provide
- Roundee Roundee
- There's a creep in your future
- God, Guns & Guts made America – Let's keep all three
- Litratcy
- Love
- Homes for cows. Moooow!
- I am not an animal
- What ever happened to the Baltimore Colts?
- Rich Boy Poor Boy
- Excellent
- I'm up here
- I stand firmly behind this
- Sensuous & Strong
- Beans for health
- Wong for the road, Chinese delivery
- If your breath stinks, kill it!
- This side forward
- Minds are for people who think
- Almost fini
- Fini

ZITATE

Burn Noticed

Burn Notice (seit 2007) ist eine US-amerikanische Fernsehserie in der Tradition der Agenten- und Detektivserie. Sie zitiert zahlreiche ältere Serien, und wenn von älter die Rede ist, ist die Rede auch von unseren jung gebliebenen Serien der achtziger Jahre.

- Die Serie spielt in Miami – wie *Miami Vice.*
- Michael Westen, die Hauptfigur aus *Burn Notice,* gibt sich einmal den Decknamen »Steve Remington«.
- Westen, ein ehemaliger Agent, der recht plötzlich seinen Job verlor, fühlt sich zu Unrecht verfolgt, ist aber trotzdem ein recht hilfsbereiter Typ – wie das A-Team.
- Es werden ganz erstaunliche Dinge aus allerlei verfügbaren Gegenständen gebastelt – wie bei *MacGyver.*
- Westen benutzt lieber sein erstaunliches technologisches Wissen als eine Waffe – wie Angus MacGyver. Auch wenn Westen sie notfalls dann doch mal zieht – anders als MacGyver.
- Das Blog *sodahead.com* fragte einmal seine Leser: Wenn Michael Westen und Angus MacGyver gegeneinander antreten müssten, wer würde gewinnen? 75 Prozent sagten: Michael Westen. Für MacGyver-Fans ist das ein geradezu unerträglicher Gedanke, deshalb sei zur Beruhigung hinzugefügt, dass bislang nur 16 Leser abstimmten.
- In *Burn Notice,* aber das nur nebenbei, wird ständig Joghurt gegessen. Ein Buch über die besten Serien der nuller Jahre, das spätestens 2035 wirklich langsam mal erscheinen sollte, wird wohl eine möglichst vollständige Liste der Joghurtsorten enthalten müssen.

Die Harts besitzen ein Rennpferd. Es heißt J. J. Hart.

TOP TEN

Links in die Computerwelt

---

1 Die *Grand Theft Auto*-Spielreihe war in den nuller Jahren, was die eine oder andere Fernsehserie für die Achtziger war: der Mist, über dessen Existenz sich Eltern aufregten. Es wird geballert, zu schnell gefahren und geflucht. Philip Michael Thomas – der Tubbs aus *Miami Vice* – lieh einer Figur aus *Grand Theft Auto: Vice City* seine Stimme. Passt. Denn das Spiel erinnert in Optik und Handlung an *Miami Vice,* spielt in den Achtzigern, und der Figur kann man unterschiedliche Klamotten anziehen. Im Nachfolger *Grand Theft Auto: Vice City Stories* ist der Charakter des Bryan Forbes an Sonny Crockett angelehnt. Auch Soundtrack-Gigant Phil Collins ist in beiden Spielen mit von der Partie.

2 Murdock vom A-Team sein Zimmer in der Nervenheilanstalt mit zwei Spielautomaten ausgerüstet. Auf dem einen steht »Hockey«, auf dem anderen »PacMan«.

3 Magnum bekommt von seinem Freund Rick den *TomyTronic PacMan* geschenkt, eine quietschgelbe, 1981 in den USA erschienene Videokonsolenvariante des raumfüllenden *PacMan*-Automaten. Higgins darf auch mal spielen und findet es doch ziemlich schwierig: »Wie viele Punkte haben Sie?«, fragt er Magnum. Dessen Antwort: Er schaut direkt in die Kamera. Wer unbedingt mag, kann Triumph in seinen Augen entdecken.

4 Dass Computerspiele schon in den achtziger Jahren kein kleiner Nischenmarkt mehr waren, kriegt man in *Remington Steele* eindrucksvoll reingeschraubt: In einer Folge wird der Inhaber der Computerspielfirma Ratooi Games International vermisst. Jedenfalls behauptet das ein anderer Inhaber, Albee Fervitz. Fervitz, Präsident von Ratooi, verdiente mit der Entwicklung des Spiels *Star Smash* knapp 350 Millionen Dollar.

5 K.I.T.T. kann alles, also ist in ihm auch ein Spiel installiert: *Space Cadet*. Bonny spielt es mit Begeisterung, schlägt aber K.I.T.T.s Angebot, es gleich noch einmal zu versuchen, aus: »Ich will nicht abhängig werden.« Damit ist klar: All die Leute, die Internet- und Computersucht in die Jugendlichen von heute projizieren, haben seinerzeit zu viel *Knight Rider* geschaut. Skandal.

6 Andererseits: »Für Videospiele ist man nie zu alt!« (Michael Knight) Und weil es nicht Tausende verschiedene Spiele gibt, die man allesamt zitieren könnte, spielt auch er in einer *Knight Rider*-Folge das gute alte *PacMan*.

7 K.I.T.T. ist nicht der einzige sprechende und denkende Computer, auch in *Magnum* gibt es einen. Thomas spielt auf Robin Masters' 100 000-Dollar-»Dracos III«-Computersystem das Spiel *The Dungeon Master*. Was Higgins auf die Palme bringt. Was Magnum zu Ausreden animiert: Der Computer habe ihm gesagt, er solle spielen. Ungewöhnlich ist: Das stimmt – das Spiel nennt Magnum beim Namen und feuert ihn an.

8 Ozzie, Colt Seavers' obdachloser schizophrener Freund, der sich gerne mit seinem zweiten Ego Harold die Zeit vertreibt, unterhält sich mit einem freundlichen Spielautomatenbesitzer, der mit einem Staubwedel seine Automaten abstaubt.

9 Aleksei heißt der lustige zwölfjährige Russe in *Agentin mit Herz*, der dank seiner Computerkenntnisse einiges weiß, was gemeinhin eher Spione wissen. Sein bester Hackertrick: Als die Bösen in ein Spielautomaten-Casino eindringen, in dem Amanda und Lee gefesselt sind, schaltet er den Strom an, die Automaten machen umgehend einen Höllenlärm, und Lee kann die verdatterten Bösen vermöbeln.

(Zweitbeste Szene der Episode: Amanda sagt Aleksei, er soll nicht rauchen. Der antwortet, sie könne ihre Milchshakes selber saufen. Drittbeste Szene: Lee sucht seine Rolling Stones-Alben. Amanda sagt, sie stünden unter S wie »Stones, Rolling«.)

10 *Airwolf* ist eine Fernsehserie, die vom Computerspielen handelt. Oder was macht Hawke da sonst im Cockpit?

GEOGRAFIE

Weltkarte fiktiver Länder

Die Serienhelden der Achtziger kamen ganz schön in der Welt rum. Aber nicht alle Länder, in denen Staatsstreiche verhindert, Schätze geborgen, Geiseln befreit oder Atomraketen entschärft werden mussten, findet man in konventionellen Atlanten wieder. Hier ein paar dringende Nachträge:

Serien:

1) Das A-Team
2) Agentin mit Herz
3) Airwolf
4) Hart aber herzlich
5) MacGyver
6) Miami Vice
7) Simon & Simon
8) Trio mit vier Fäusten

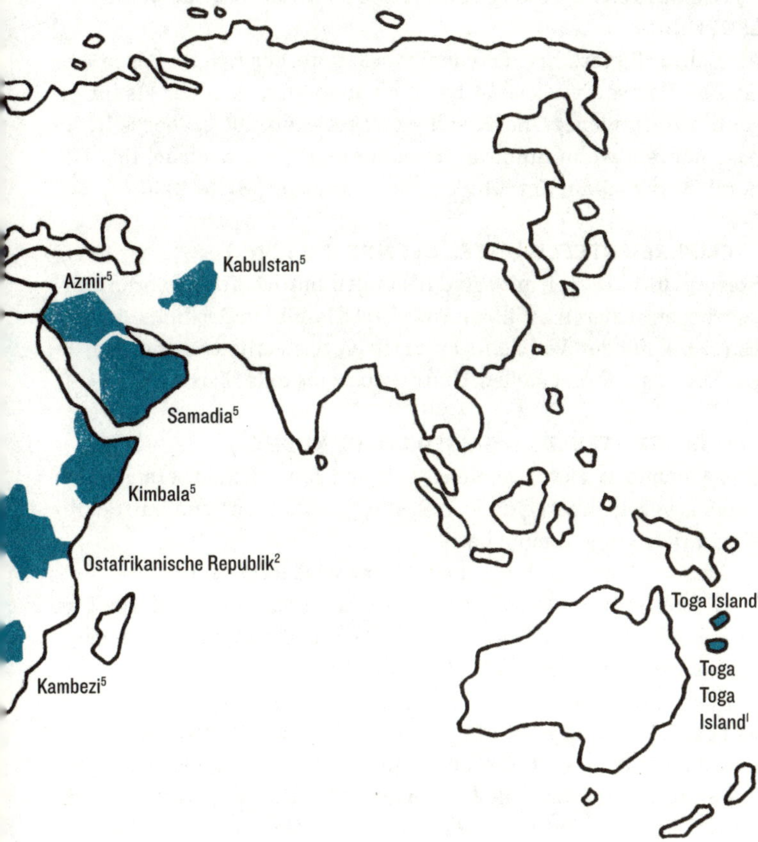

REMINGTON STEELE

Das wandelnde Kinolexikon

Wenn Remington Steele einen Fall zu lösen hat oder ein passendes Zitat braucht, kramt er in seiner inneren Videothek und erinnert sich an alte Filme, in denen ein ähnlicher Fall zu lösen war oder zufällig ein passendes Zitat fiel. Hier eine lächerlich kleine Auswahl:

FOLGE »LICENSE TO STEELE« (DEUTSCH: »DER CHEF WIRD LEBENDIG«)

Als Laura Holt erfährt, dass der Unbekannte, der sich ihr gegenüber als Ben Pearson vorgestellt hat, sich anderen gegenüber als ihr eigentlich erfundener Chef Remington Steele ausgibt, sagt er: »›In ein paar Jahren, wenn du davon erzählen wirst, sei nachsichtig.‹ Deborah Kerr zu John Kerr, *Anders als die anderen,* MGM 1956.«

»TEMPERED STEELE« (»TEE BEI MRS. DILLON«)

Steele plant ein Essen mit Tatverdächtigen, um dabei den wahren Mörder zu identifizieren: »William Powell tat dasselbe in *Der dünne Mann.** Ein Essen mit den Verdächtigen ansetzen, das Verbrechen neu aufrollen. Und den Mörder stellen. Und du gibst eine tolle Myrna Loy ab.«

»GOURMET STEELE« (»KAISERS NEUE KÜCHE«)

Den gleichen Trick verwenden Steele und Laura, als sie herausfinden wollen, wer Schmiergelder von Restaurants kassiert und ihre Sekretärin Mildred gekidnappt hat.

Laura: »Wenn Mildred seine Stimme wiedererkennt«

Steele: »*Mordsache Dünner Mann,** William Powell, Myrna Loy, MGM 1934. Nick und Nora laden alle Verdächtigen zur Dinner-Party ein und servieren den Killer als Hauptgang.«

»STEELE WATERS RUN DEEP« (»TIEFE WASSER SIND STILL«)

Laura und Steele suchen einen Mann namens George Kaplan. Kaplan existiert allerdings nicht, sondern er wurde erfunden, um eine falsche Fährte zu legen. Genau wie die Figur George Kaplan in Alfred Hitchcocks *Der unsichtbare Dritte* mit Cary Grant (MGM 1959).

»STEELE AMONG THE LIVING« (»KUNSTLIEBHABER«)

Eine Malerin wurde ermordet. Angeblich. Dann denkt Steele an den Film *Laura.*

Steele: »*Laura.*«

Laura: »Was ist?«

Steele: »Hör zu: Dana Andrews, Gene Tierney, 20th Century Fox 1944. Der Detektiv verliebt sich in die Ermordete, die er nur vom Porträt her kennt, und dann entdeckt er, dass sie gar nicht tot ist.«

Laura: »Sie ist nicht tot?«

Die Beute ist auch weg. Laura und Steele suchen sie aber genau am richtigen Ort:

Laura: »Diese Palmen, die auf den meisten Bildern sind: Ich weiß ganz genau, dass ich diese Palmen schon einmal gesehen habe.«

Steele: »Hast du auch. *It's A Mad, Mad, Mad, Mad World,* United Artists 1963. Spencer Tracy und eine ganze Komiker-Riege. Die Beute war da versteckt, unter diesen beiden Palmen.«

»VINTAGE STEELE« (»IM WEIN LIEGT WAHRHEIT«)

In einem Weingut wurde eine Leiche gefunden – in einem Bottich. Laura: »Wie sollen wir herausfinden, warum er umgebracht wurde, wenn wir nicht einmal wissen, wer er ist?«

Steele: »Klassischer Fall, *Immer Ärger mit Harry.*«

Laura: »Wie kommen Sie darauf, dass er Harry heißt?«

Steele: »Paramount (Laura stimmt ein:) 1955.«

Steele: »Hey! John Forsythe, Shirley MacLaine. Die hatten vergleichbare Probleme mit einer umherwandernden Leiche.«

Die Leiche ist, wie sich herausstellt, der Abt eines Klosters – im Original: »the Abbot of the St. Costello Monastery«. Abbott und Costello waren ein US-amerikanisches Komikerduo. Steele: »Harry war der Abbot of Costello! Universal, 1943!«

»STEELE'S GOLD« (»GOLDDUBLONEN«)

Laura und Steele ermitteln in einer Firma.

Laura: »All diese Maschinen, das erinnert an «

Steele: »*Metropolis.*«

Laura: »Was?«

Ein Computer spricht zu ihnen: »*Metropolis.* Regie: Fritz Lang, UFA Studios, Berlin 1926. Die große Masse untergeordneter Menschen wird zu Sklavenarbeitern, beherrscht von überlegenen Maschinen.«

Steele: »Bitte noch die Schauspieler.«

Computer: »Alfred Abel, Gustav Fröhlich, Rudolf Klein-Rogge.«

Später erklärt Steele die Psychologie des Täters: »Goldfieber ist eine schreckliche Krankheit. Sie kann einen ehrlichen anständigen Mann in ein reißendes Tier verwandeln, das jeden tötet, der sich ihm in den Weg stellt.«

Laura: »Ich nehme an, du sprichst aus Erfahrung.«

Steele: »*Der Schatz der Sierra Madre.* Humphrey Bogart, Walter Huston, Warner Bros., ähm, 1948.«

»STING OF STEELE« (»NICHTS GEHT MEHR«)

Die Episode ist eine Variation des Films *Der Clou* mit Paul Newman und Robert Redford (Universal 1973). Ausgangslage: Ein sympathischer Betrüger betrügt einen unsympathischen Betrüger.

»RED HOLT STEELE« (»WER IST DER BOSS?«)

Lauras Klavier wird bei einem Brand zerstört. Steele schenkt ihr ein neues, und eine Karte dazu, auf der steht: »Play it again, Sam.« Zitat aus *Casablanca.*

»STEELE ELIGIBLE« (»ENTE IN ROTWEIN«)

Steele bricht sich ein Bein, als er von einem Auto überfahren wird. Am Ende sind sogar beide Beine eingegipst – wie bei James Stewart in *Das Fenster zum Hof* (Paramount 1954). Ein entsprechendes Zitat gibt es natürlich auch.

»ELEMENTARY STEELE« (»KRIMI-FAN-CLUB«)

Steele fährt hinten auf einem Motorrad mit und sagt: »Bitte keinen Kavalierstart. Ich hab heute einen besonders nervösen Magen.« Im Original verbirgt sich hier ein Filmzitat: »For gosh sakes, slow down, will you? This isn't *Death Race 2000.*« (Deutsch: *Frankensteins Todesrennen* mit Sylvester Stallone, New World Pictures 1975)

»BLUE BLOODED STEELE« (»BESSER ALS O. K.«)

Laura und Steele suchen die Person, die sie von einem Pferd aus erstechen wollte.

Laura: »Es war jemand, der reitet und außerdem mit Waffen umgehen kann.«

Steele: »*Dieser verrückte Mr. Jones!* Red Skelton, Janet Blair, Columbia 1948. Skelton spielt darin einen Bürstenverkäufer, dem ein Mord in der besten Gesellschaft untergeschoben wird, und in Wirklichkeit war der Butler der Mörder.«

»CAST IN STEELE« (»STARRUMMEL«)

Die Hollywood-Stars Virginia Mayo, Dorothy Lamour und Lloyd Nolan werden bedroht und beauftragen Steele.

Nolan: »Das ist ja komisch, da draußen ist gerade der Briefträger vorbeigelaufen, aber die Post war doch schon vor einer Stunde im Kasten.«

Steele: »*Die drei Tage des Condor.*«

Nolan: »Nein, in dem war ich nicht drin.«

Steele: »Nein, in den *Drei Tagen des Condor* sollte Robert Redford umgebracht werden, und der Killer war verkleidet als Briefträger.«

Es fallen Schüsse, Steele und Nolan werfen sich auf den Boden. Als Steele aufsteht, sagt Nolan: »Bleiben Sie unten, Sie wissen doch: Der Postbote klingelt immer zweimal.«

Steele klingelt bei Dorothy Lamour. Sie ruft aus dem Fenster: »Muss ich Sie kennen?«

Steele: »Ich bin der Privatdetektiv, Lloyd Nolan hat Sie ja wohl schon informiert.«

Die Frau: »Oh, ich hatte eher so was erwartet wie Magnum.«

Am Ende liegen Laura und Steele im Krankenhaus.

Laura: »Die ganze Station ist menschenleer.«

Steele: »*Der Pate.* Marlon Brando, Al Pacino, Paramount 1972. Einer von Brandos Gegenspielern will einen Mord arrangieren und räumt das gesamte Krankenhaus. Wir müssen raus hier, Laura.«

»STEELE ON THE AIR« (»AUF SENDUNG«)

Mildred vermutet als Mordmotiv einen Seitensprung: »Gerade habe ich sie mitten in einer heißen Umarmung gestört.«

Steele: »*Body Heat.* Kathleen Turner, William Hurt, Warner Brothers 1981. Ein Mann und seine Geliebte planen den Tod des Ehemanns, was wie ein Unfall aussehen soll.«

»LOVE AMONG THE STEELE« (»OLDTIMER«)

Steele und Laura basteln am Auburn Speedster herum, dem Oldtimer der Detektei, der in dieser Folge zum ersten Mal auftaucht.

Steele: »*Der gelbe Rolls-Royce.*«

Laura: »Das hier ist ein Auburn.«

Steele: »Nein, ich meine *Der gelbe Rolls-Royce.* Rex Harrison, George C. Scott, Shirley MacLaine, Art Carney, Ingrid Bergman, Omar Sharif, MGM 1965.«

Laura: »Ist über jeden Fall, den wir haben, schon ein Film gedreht worden?«

* *The Thin Man* ist im Deutschen sowohl als *Der dünne Mann* als auch als *Mordsache Dünner Mann* bekannt.

WERBEPAUSE

Bonduelle

♬ Ja, der Mais, der Mais, der Mais marschiert.
Der Mais, der Mais, der demonstriert.
Ganz famos, sensationell, lecker, lecker Bonduelle.
Ja, der Mais, der Mais, der Mais kommt an.
Der Mais, der Mais schmeckt jedermann.
Ganz famos, sensationell, lecker, lecker Bonduelle.
Ja, Bonduelle ist das famose Zartgemüse aus der Dose. ♬

Welche Langzeitschäden wurden verursacht?

»Mit der Spätsommerernte im Jahr 1982« kam, wie man sich bei Bonduelle nostalgisch erinnert, der »Zarte junge Gemüsemais« nach Deutschland, und im TV paradierten erstmals die Maiskolben. Die Folge: Eine ganze Generation kann bis heute das Neujahrskonzert der Wiener Philharmoniker nicht genießen, ohne dabei an Dosenmais denken zu müssen.

DAVID HASSELHOFF

Wie man einen Hoff Dogg zubereitet

Das verbreitete Vorurteil, in US-amerikanischen Fernsehserien der achtziger Jahre gehe es nur um Männer mit Bärten, Autos und Frauen in knappen blauen Bikinis, ist falsch. Es geht auch um Hotdogs. Eine tragende Säule der Kooperation von Unterhaltungsbranche und Hotdog-Industrie ist David Hasselhoff. Das Hotdog-Restaurant Pink's an der Ecke Melrose Avenue und La Brea widmete ihm 2010 eine eigene Hotdog-Kreation: den Hoff Dogg ($ 6,95).

Er wurde, im Gegensatz zum Martha Stewart Dog, zum L. A. Philharmonic Conductor Gustavo Dudamel Dog, zum Ozzy Spicy Dog und zum Rosie O'Donnell Long Island Dog, mittlerweile wieder von der Speisekarte genommen. Zum Glück kann man ihn selber zubereiten:

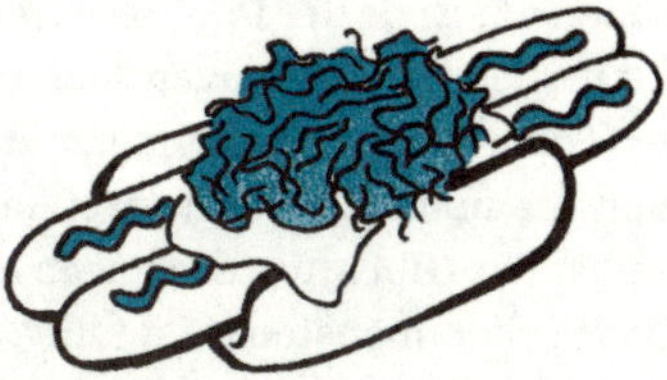

Zutaten:
- ein Hotdog-Brötchen
- zwei Hotdog-Brühwürste aus Rind mit Naturhaut (auch in der Variante mit einer, dafür aber hundebeindicken und -langen Wurst denkbar)
- Senf (mittelscharf, bayerisch)
- eine nicht übertrieben dünne Scheibe Pastrami (gewürzte und geräucherte Rinderbrust)
- eine große Gabel Sauerkraut

Zubereitung: in dieser Reihenfolge in- und aufeinanderstapeln; Senf im Zickzackmuster über Würste geben. Auf Alufolie servieren.

Das Blog streetspavedwithhotdogs.blogspot.com weist zu Recht darauf hin, dass in den Hotdog, der nach dem *Baywatch*-Badeanzug-Serien-Star David Hasselhoff benannt wurde, erstaunlicherweise kein Schinken kommt. Möglicherweise ist dies das Geheimnis des Misserfolgs.

AGENTIN MIT HERZ

Hausfrau, Mutter, Agentin

Weibliche Berufstätigkeit, das war in den achtziger Jahren in der Bundesrepublik noch nicht die Regel. In Westdeutschland arbeiteten nicht einmal 45 Prozent der Frauen (anders als in der DDR, wo es 90 Prozent waren). In den USA waren am Ende des Jahrzehnts zumindest 57 Prozent berufstätig. Umso schöner zu sehen, dass Amanda (»Ich bin Hausfrau, eine moderne Hausfrau. Und ich suche Arbeit.«) einen Job gefunden hat, der in puncto Vereinbarkeit von Familie und Beruf für sie optimal ist. Doch rosarot malt auch *Agentin für Herz* die Arbeitswelt nicht. Die Macher zeichnen ein realistisches Bild von der Doppelbelastung als Hausfrau und Agentin:

- Schon am Ende der Pilotfolge freut sich Amanda über die Familienfreundlichkeit ihres neuen Jobs: »Sehen Sie wie praktisch das ist? Ich gebe die Kinder beim Zahnarzt ab, dann komme ich in die Spionagezentrale, und auf dem Rückweg kann ich gleich noch fürs Abendessen einkaufen. Gibt's hier auch noch einen Metzger in der Gegend?«
- Die Einkommensteuer ist fällig, der Rasenmäher und der Caravan sind gleichzeitig kaputt. Kurz und gut, Amanda braucht Geld. Ihre Söhne sind sogar bereit, ihre Goldfische zu verpfänden, das bricht der alleinerziehenden Mutter schier das Herz. Und dann vergisst Lee, dass er Amanda versprochen hat, mit ihr zur Bank zu fahren. Wie soll sie nun an einen Kredit kommen? Er macht es gut, indem er dafür bürgen will, dass ihr der Geheimdienst den Kredit gibt. Das ist gelebte Familienförderung im Betrieb.
- In der Folge »Nachtfalter« soll Amanda als Kurier fungieren und in einem Waschsalon eine Socke entgegennehmen, in der ein Mikrochip versteckt ist. Leider wird sie dann Opfer eines Handtaschenraubs, und die Socke ist plötzlich verschwunden. Oder ist sie gar, schrecklicher Verdacht, mit Amandas eigener Wäsche durcheinandergeraten?
- Amanda ist nicht nur Mutter und Geheimagentin, sondern auch Pfadfinderführerin, Mitglied der »Mütter für eine sichere Umwelt«, und sie sammelt Geld für Blindenhunde. Außerdem ist sie im Arling-

toner Hausfrauenverband aktiv. Dass sie dort im Organisationskomitee des Wohltätigkeitsfests für die Getränke zuständig ist, hilft ihr ausnahmsweise auch bei der Arbeit. Denn so kann sie Lee als Barkeeper einschleusen – auf dem Fest trifft sich nämlich eine ganze Reihe von Oberschurken, an die die Profi-Agenten sonst nie rangekommen wären. Ehrenamtliches Engagement zahlt sich eben doch aus.

- In der Folge »Die Überläufer« gerät Amanda unter den dringenden Verdacht, eine Doppelagentin des Ostblocks zu sein. Selbst Lee wird unsicher, als er erfährt, dass sie sich in der Tschechischen Botschaft aufgehalten hat. Dabei hat sie dort doch nur Infomaterial eingesammelt, weil ihr Sohn im Erdkundeunterricht ein Referat über die Tschechoslowakei halten soll. Was soll eine Mutter denn tun?
- Immerhin gibt es manchmal auch ein bisschen Anerkennung. In der Episode »Ein tödlicher Auftrag« ist Amanda Kandidatin für den Titel der »Mutter des Jahres« in Arlington. Leider wird dann nichts daraus, weil sie schon wieder in einen Mordfall verwickelt ist und gerade in dem Moment zur Polizei muss, als die Jurorin wegen der Kuchenverkostung in ihrer Küche steht. Weg ist der Titel. »Ist das fair?«, hätte Mutter Drombusch gefragt. Und zu was? Zu Recht!

Der Mann, der sich später Remington Steele nennt, merkt, dass es einen echten Steele gar nicht gibt, als er dessen Zimmer durchwühlt: Alle Schuhe und Kleider sind ungetragen, das Aftershave und der Kamm unbenutzt.

David Hasselhoff und William Daniels, der K.I.T.T. sprach, begegneten einander Hasselhoff zufolge zum ersten Mal, als die Serie schon einige Monate lief.

Nach zwei Staffeln *Miami Vice* wäre Don Johnson wegen Vertragsstreitigkeiten mit der NBC beinahe durch Mark Harmon (den Dr. Robert Caldwell aus *Chefarzt Dr. Westphall*) ersetzt worden.

Die Serienfigur Howie Munson hat Schuhgröße 48.

SIMON & SIMON

Palim, Palim, ist das ein Detektivbüro?

Bei den deutschen Titeln für die Episoden von *Simon & Simon* hat sich offenbar jemand ausgelebt, der sonst Didi-Hallervorden-Filme betitelte. Warum die Serie selbst nicht als *Zwei total bekloppte Schnüffelbrüder* auf Sendung ging, ist nicht überliefert.

- Aus »Details At Eleven« wurde »Kein Fön im Badezimmer«.
- Aus »Love, Christy« wurde »Zwei Brüder und 'ne kühle Blonde«
- Aus »The Least Dangerous Game« wurde »Unser Leo ist nicht so«
- Aus »The Dead Letter File« wurde »Es ist nicht alles Ruß im Schornstein«
- Aus »Art For Arthur's Sake« wurde »Eine Hirschkuh kommt selten allein«
- Aus »It's Only A Game« wurde »Ein Mensch stirbt nicht vom Chip allein«
- Aus »Room 3502« wurde »Zimmer, Zoff und Zofe«
- Aus »Red Dog Blues« wurde »Roter Hund heißt seine Tante«
- Aus »Bloodlines« wurde »Hoppe, Hoppe, Reiter«
- Aus »Heels And Toes« wurde »Trau' keinem Joghurt«
- Aus »The Disappearance Of Harry The Hat« wurde »Ach, du lieber Harry«
- Aus »Our Fair City« wurde »Das Lasterpflaster«
- Aus »Enter The Jaguar« wurde »Ein Jaguar hat keinen Vogel«
- Aus »The Enchilada Express« wurde »Schüsse, Schieber, Scheidung«
- Aus »Treasure« wurde »Wüstes in der Wüste«
- Aus »The Last Big Break« wurde »Der Dauerwellenreiter«
- Aus »For Old Crime's Sake« wurde »Je oller – je doller«
- Aus »Lost Lady« wurde »Sie liebte Walnusseis«
- Aus »You, Too, Can Be A Detective« wurde »Gangster, Geld und heiße Nächte«
- Aus »Ties That Bind« wurde »Koks und Kegel«
- Aus »Zen And The Art Of The Split-Finger Fastball« wurde »Balla Balla«

AIRWOLF

Kawumm!

Die elegante Lösung à la MacGyver war nie so die Sache des *Airwolf*-Teams. Bei Hawke, Dom und Caitlin hieß die taktische Herangehensweise eher »shock and awe«. Klar, wer derart schweres Kriegsgerät zur Hand hat, will es natürlich auch einsetzen – auch wenn das gelegentlich etwas unverhältnimäßig wirkt.

In der Folge »Menschenjagd auf Texanisch« organisiert der fiese Kleinstadt-Sheriff Bogan Menschenjagden für reiche Safarifreunde. Am Ende der Episode hat sich der Sheriff in seinem Gefängnis verschanzt. Bogan hat ein Gewehr, Airwolf hat Raketen. Warum nun den Sheriff mühselig dort herausholen, wenn der Airwolf mit MG und Rakete auch einfach das ganze Gefängnis in die Luft jagen kann, und die halbe Ortschaft gleich mit?

In der Folge »Auf der Suche nach dem Mörder« wird Doms Tochter auf einer idyllischen Insel ermordet. Dahinter steckt eine Bande, die auf dem Eiland ein boomendes Spielkasino betreibt. Die Gangster werden mit Airwolf-Hilfe festgenommen, aber was wird nun aus der Spielbank? Nun, nicht eine, nicht zwei, sondern sieben Raketen feuert Hawke am Ende in das Kasino, das samt der es umgebenden Palmen in einem gigantischen Feuerball aufgeht. Eine Abrissbirne wäre vielleicht günstiger gekommen.

In der Folge »Nuklearangriff: Der Countdown läuft« will der böse General Sandower, den Hawke noch aus Vietnam in schlechter Erinnerung hat, im Alleingang einen Krieg mit der Sowjetunion vom Zaun brechen. Er kapert eine Atomrakete und plant, sie auf Moskau zu feuern. Gut, es bleibt der Airwolf-Crew wohl keine andere Wahl, als die Rakete beim Start abzuschießen. Bloß dass dabei nicht nur die gesamte Privatarmee des Generals ausgelöscht, sondern ein großer Teil der »Crystal-Sands-Wüste« verstrahlt wird, ist im Anschluss irgendwie kein großes Thema. O-Ton Hawke: »Das lief doch gut.« Amerika ist eben ein weites Land.

IM GÄSTEHAUS

Magnum, privat

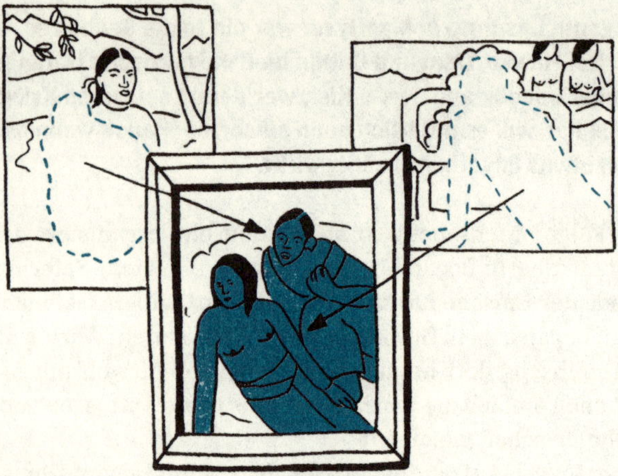

AN DER WAND

Hier hängt ein Gauguin. Ein sehr exklusiver Gauguin. Ein Einzelstück. Es handelt sich um einen für die Sendung hergestellten Verschnitt aus zwei echten Gauguin-Gemälden, *Vairumati* und *Nafea faa ipoipo.*

SCHMUCK

Der goldene »Team-Ring« mit schwarz-silbernem Lothringer Kreuz ist ein Erinnerungsstück, das alle Mitglieder von Magnums Vietnameinheit tragen. Dazu gehören neben Magnum seine Freunde Rick und TC sowie Dan Cook und die französischen Mitglieder Phillipe und Pepe. Das Lothringer Kreuz, nicht zu verwechseln mit dem ähnlich aussehenden Patriarchenkreuz, wurde von Jeanne d'Arc getragen und im Zweiten Weltkrieg von US-amerikanischen und freifranzösischen Truppen als Symbol genutzt. Und von Magnum und seiner Gang.

WAFFEN

Colt Government, Kaliber .45

ERNÄHRUNG

- Milch
- Biere der Marken Coops (nicht zu verwechseln mit der echten Marke Coors) und Old Düsseldorf (Letzteres nur aus der Flasche mit langem Hals)
- Kekse der Marke Fig Newtons

IM KLEIDERSCHRANK

Schildmützen:

- Detroit Tigers, schwarz (weißes D). In der aktuellen Version (weißes oder rotes »D«) zum Preis von $ 34,99 im offiziellen Online Shop der Detroit Tigers erhältlich (shop.mlb.com).
- Detroit Tigers, schwarz (gelbes »D«)
- »Detroit Tigers«, rot mit weißen Seiten, Mannschaftsname ausgeschrieben (Auswärtsmütze)
- »VMO2 Da Nang«, navy blue (erhältlich für $ 14,95 unter uswings.com)
- »Al's Automotive and Muffler King Tigers«, rot, mit weißem Seitennetz
- »get wet! Downing Hawaii«, schwarz mit rosa Seitenemblem
- Camouflage-Mütze mit Navy-Logo
- »USC«, kurz für University of Southern California, rot, mit gelbem Universitätsemblem

Hemden:

- Softball-Longsleeve mit »Paddlers«-Aufdruck, weiß mit blauen Ärmeln
- Longsleeve ohne Aufdruck, weiß mit dunkelblauen Ärmeln
- diverse einfarbige Hemden, Poloshirts und Unterhemden
- Jungle-Bird-Hawaiihemd, rot mit violetten Papageien auf grünen Blättern (für $ 61,98 bei mauishirts.com erhältlich; mit langen Ärmeln für $ 92,40).
- Star-Orchid-Hawaiihemd, schwarz mit weißen Blüten und grünen Blättern (ebenfalls gesehen bei mauishirts.com; $ 61,98)
- Calla-Lily-Hawaiihemd, violett mit großen weißen Blüten und bräunlichen Blättern (mauishirts.com; $ 61,98)
- Hawaiihemd, mittelblau mit fliederfarbenen und weißen Blüten
- Hawaiihemd, weiß mit großen blauen Blüten

Murrays größter Hack

In der Folge »Auf Mord programmiert« führt Murray seinen schwersten Kampf. Und der Zuschauer lernt einige Hacker-Methoden kennen – jedenfalls die in der Welt von *Trio mit vier Fäusten.*

- Der Meerschaumpfeife rauchende Computerwissenschaftler und Ex-Cop McBride ist Mitglied eines Selbstjustiz-»Komitees« und will den polizeikritischen Stadtrat Harrison fertigmachen. Mit Hilfe seines Computers manipuliert er Harrisons Bankkonten, so dass der öffentlich als Bankrotteur dasteht.
- Murray, der natürlich nicht weiß, wer McBride ist, findet heraus, dass die Bank den »Paxton 5000« als Computersystem benutzt, was er »gar nicht gut«, respektive »alles andere als gut« findet. Der Paxton ist kein sehr bekanntes System, aber »vorbildlich gute Hardware«, es gibt nicht mehr als fünfzig Experten für das System im ganzen Land. Das Polizeisystem, in dem der Unbekannte ebenfalls herumgefuhrwerkt hat, ist hingegen ein »ERB 3«. Wer beide Systeme beherrscht, muss also ein ultratalentierter Meisterhacker sein. Klar.
- Murray tut sich ungewöhnlich schwer nachzuvollziehen, wer Harrisons Konten manipuliert hat. Zwar verschafft er sich Zugang zum Zentralcomputer der Bank. Doch seine Anfragen werden »blockiert auf Schritt und Tritt«. Es ist wie ein Schachspiel. Jeden Zugriff von Murray wehrt der geheimnisvolle Gegner ab, und versucht sogar, durch weitere Computertricks die Riptide räumen zu lassen und die Sparkonten der Detektive zu plündern.
- Sicherheitssysteme, so erklärt es Murray Nick und Cody, sind auf Computern einprogrammiert. Das einzige, was nicht geschützt ist, sind die Telefonleitungen. Wenn er an die in der Bank käme, könnte er das unbekannte Computergenie aufspüren. Als Telefontechniker getarnt, schleicht sich die Riptide-Crew in die Bank und zapft genau jene Leitung an, die auch der Gegner benutzt. Der geniale Plan: Roboz soll nun alle 20 Minuten die Computer der Bank anrufen. Dann druckt (!) Murray auf der Riptide alle Telefonkontakte

der Bank aus. Wenn der Gegner die Anrufe blockiert hat, müsste seine Nummer dort direkt nach der der Riptide auftauchen. Sie kommen noch mit?

- Aber McBride legt Murray wieder aufs Kreuz, indem er den Medien Hinweise zuspielt, die Riptide-Jungs selbst hätten den Stadtrat hereingelegt. Bester Beweis: Sie haben schließlich die Telefonleitungen der Bank angezapft.
- Die Jungs kommen schließlich an McBrides Polizei-Personalnummer, doch der hat einfach seine Daten im Polizeicomputer gelöscht. Sein Fehler: Er glaubt, Murray könne diese nun nicht mehr auffinden. Was das Computergenie nicht bedacht hat, Murray aber weiß: In großen Computersystemen wie dem der Polizei werden Duplikate von allen Daten hinterlegt. Murray lässt die »Spule« mit der ältesten Sicherheitskopie einlegen, und siehe da: McBrides Foto und Name rattern aus dem Nadeldrucker. Murray triumphiert.
- Die Nachrichten melden: »Bozinsky, der Direktor der *Riptide*-Detektei, leitete die Ermittlungen unter Anwendung von Computertechnik und hat dadurch die Computerverbrechen des Komitees aufgeklärt.«

Die Dobermänner Zeus und Apollo in *Magnum* wurden von verschiedenen Hunden verkörpert, darunter die Weibchen Dominique, Cola und Nohea und die Männchen Whiskey, Brutus und Joe.

David Hasselhoffs sechs Hunde zu *Knight Rider*-Zeiten hießen Tusty, Killer, Toto, Silky, Jenny und Wiener.

David Hasselhoffs vier Vögel zu *Knight Rider*-Zeiten hießen Captain Ed, E. T., Charly und Winston.

Der Roboz aus *Trio mit vier Fäusten* hat nur in der deutschen Synchronisation eine Stimme. Im Original kommuniziert er ausschließlich schriftlich über sein Display.

PUBLIKUMSERFOLG

Quotenkandidaten

Was die Einschaltquoten in den USA anging, schaffte es keine der großen Detektiv- und Actionserien der Achtziger jemals auf den Spitzenplatz der für die Fernsehbranche wichtigen Ratings, die die Marktforschungsfirma Nielsen jedes Jahr erstellt.

In der ersten Hälfte des Jahrzehnts wechselten sich dort *Dallas, Der Denver-Clan* und die Magazinsendung *60 Minutes* ab. Ab 1985 war dann durchgehend Die *Bill Cosby Show* die beliebteste Sendung im amerikanischen Fernsehen.

Die Serien, die in diesem Buch vorkommen, fielen spätestens 1987 aus den Top 30 der beliebtesten US-Sendungen heraus. Statt Detektivserien wurden Ende der Achtziger Sitcoms wie *Golden Girls* und *Alf* zu Quotenhits.

1980/81	Platz 1	*Dallas,* CBS	27,6 Mio. Zuschauer
	Platz 14	*Magnum,* CBS	16,7 Mio. Zuschauer
	Platz 23	*Hart aber herzlich,* ABC	15,9 Mio. Zuschauer
1981/82	Platz 1	*Dallas,* CBS	23,1 Mio. Zuschauer
	Platz 15	*Hart aber herzlich,* ABC	17,2 Mio. Zuschauer
	Platz 17	*Magnum,* CBS	17,0 Mio. Zuschauer
	Platz 26	*Ein Colt für alle Fälle,* ABC	15,5 Mio. Zuschauer
1982/83	Platz 1	*60 Minutes,* CBS	21,2 Mio. Zuschauer
	Platz 4	*Magnum,* CBS	18,8 Mio. Zuschauer
	Platz 7	*Simon & Simon,* CBS	17,5 Mio. Zuschauer
	Platz 10	*Das A-Team,* NBC	16,7 Mio. Zuschauer
	Platz 14	*Ein Colt für alle Fälle,* ABC	16,2 Mio. Zuschauer
	Platz 17	*Hart aber herzlich,* ABC	15,7 Mio. Zuschauer
1983/84	Platz 1	*Dallas,* CBS	21,5 Mio. Zuschauer
	Platz 4	*Das A-Team,* NBC	20,1 Mio. Zuschauer
	Platz 5	*Simon & Simon,* CBS	19,9 Mio. Zuschauer

	Platz 6	*Magnum,* CBS	18,8 Mio. Zuschauer
	Platz 16	*Ein Colt für alle Fälle,* ABC	16,7 Mio. Zuschauer
	Platz 18	*Trio mit vier Fäusten,* NBC	15,8 Mio. Zuschauer
	Platz 20	*Agentin mit Herz,* CBS	15,3 Mio. Zuschauer
	Platz 28	*Knight Rider,* NBC	14,4 Mio. Zuschauer
1984/85	Platz 1	*Der Denver-Clan,* ABC	21,2 Mio. Zuschauer
	Platz 6	*Das A-Team,* NBC	18,6 Mio. Zuschauer
	Platz 7	*Simon & Simon,* CBS	18,5 Mio. Zuschauer
	Platz 16	*Ein Colt für alle Fälle,* ABC	16,7 Mio. Zuschauer
	Platz 18	*Trio mit vier Fäusten,* NBC	15,8 Mio. Zuschauer
	Platz 20	*Agentin mit Herz,* CBS	15,3 Mio. Zuschauer
	Platz 28	*Knight Rider,* NBC	14,4 Mio. Zuschauer
1985/86	Platz 1	*Die Bill Cosby Show,* NBC	28,9 Mio. Zuschauer
	Platz 9	*Miami Vice,* NBC	18,3 Mio. Zuschauer
	Platz 28	*Agentin mit Herz,* CBS	14,9 Mio. Zuschauer
	Platz 29	*Simon & Simon,* CBS	14,8 Mio. Zuschauer
	Platz 30	*Das A-Team,* NBC	14,5 Mio. Zuschauer
1986/87	Platz 1	*Die Bill Cosby Show,* NBC	30,5 Mio. Zuschauer
	Platz 27	*Miami Vice,* NBC	14,7 Mio. Zuschauer
1987/88	Platz 1	*Die Bill Cosby Show,* NBC	27,8 Mio. Zuschauer
1988/89	Platz 1	*Die Bill Cosby Show,* NBC	23,1 Mio. Zuschauer
1989/90	Platz 1	*Die Bill Cosby Show,* NBC	21,3 Mio. Zuschauer

In einer Folge der *Bill Cosby Show* trägt Cliff Huxtable (gespielt von Bill Cosby) eine *Magnum*-Baseballmütze – Tom Selleck soll sie ihm geschenkt haben, als Zeichen seiner Anerkennung dafür, dass die zeitgleich laufende *Cosby Show* eine bessere Quote als *Magnum* hatte.

TOP TEN

Auffallend gelungene Fehler

1 *Hart aber herzlich.* Da fehlt ein Komma.

2 In *Agentin mit Herz* passieren Lee und der Herr mit der Strumpfmaske, den er im Zuge einer Verfolgungsjagd durchs Treppenhaus jagt, den 15. Stock. Dann rennen sie weiter nach unten und gelangen so irgendwann in den, äh, 15. Stock.

3 Medizinische Fachfrage zu Thomas Magnums Schulterverletzung: Können Narben wandern?

4 Wenn der A-Team-Van von einer Szene auf die andere das Nummernschild, sein Kühlerlogo die Farbe oder Murdock das T-Shirt wechselt; wenn aus einem Feuerwehrschlauch, der an die Wasserleitung angeschlossen ist, Schaum kommt – dann gehört das so. Komisch ist nur die deutsche Version des Vorspanntexts: »Wenn Sie mal ein Problem haben und nicht mehr weiterwissen, suchen Sie doch das E-Team.«

5 David Hasselhoff empfiehlt, beim Kucken von *Knight Rider* auf seine Schuhe zu achten: »Schaut euch genau meine Schuhfarbe an und die Farbe der Schuhe am Gaspedal. Die ist nicht immer gleich.«

6 Hätte Hasselhoff in *Miami Vice* mitgespielt, hätte er dasselbe über seine Schuhe in *Miami Vice* schreiben können.

7 Gehen wir den *Ein Colt für alle Fälle*-Pilotfilm durch. Minute 14:19: Colt trägt ein blaues Hemd, Howie ein grünes. Minute 14:50: Colt trägt ein rot-schwarz kariertes Hemd, Howie ein rosa-weiß gestreiftes. Minute 15:47: Colt trägt sein blaues Hemd, Howie das grüne.

8 In der *Airwolf*-Pilotfolge wird Hawke erklärt, dass Dr. Moffet, der Erfinder des Helikopters, diesen fünf Wochen zuvor gestohlen habe. Zwischentitel zeigen an, dass seitdem drei Monate vergangen sind.

9 Immer schön, wenn man irgendwo die Filmcrew im Bild sieht. Gern genommen etwa in *Remington Steele:* als Spiegelbild oder als Schatten.

10 Der Preis für die beste Crew-im-Bild-Szene geht aber an *Agentin mit Herz:* Als Amanda einmal mit einer KGB-Agentin kämpft, taucht plötzlich eine Hand auf, die keiner der beiden gehört. Ein Crewmitglied liegt im Vordergrund auf dem Boden und räumt eine Requisite aus dem Weg.

WERBEPAUSE

Kinderschokolade

Kinder: »Papi, kriegen wir was zu naschen?«
Mann: »Na gut. Hier. Kauft euch irgendwas.«
Frau: »Aber Klaus, für Kinder gibt's doch Kinderschokolade, mit extra viel Milch.«
Stimme aus dem Off: »Jede Tafel enthält die wichtigsten Bestandteile von rund einem drittel Liter Milch.«
Mann: »Na, wie wär's mit Kinderschokolade?«
Kind 1: »Super, Papi!«
Kind 2: »Ja, Kinderschokolade!«
Stimme aus dem Off: »Kinderschokolade – Für die Extraportion Milch.«

Was war daran typisch Achtziger?
Papi steht auf der Terrasse auf einer Leiter und schraubt an der Pergola herum. In den Achtzigern hatte man so etwas. Heute hat man Partyzelte.
Die Kinder kommen auf Rollschuhen angefahren. Die haben vier Räder, die (wichtig!) paarweise angeordnet sind. Das ist der wesentliche Unterschied zu den Neunzigern.
Papi heißt Klaus. In den Achtzigern hießen Väter so. Und DDR-Bürger in amerikanischen Serien.

EIN COLT FÜR ALLE FÄLLE

Ein Pin-up für alle Fälle (I)

Es ist nicht so, dass Heather Thomas in ihrer Rolle als Jody Banks immer einen blauen Bikini getragen hätte. Sie trug auch rosafarbene Bikinis (in »Verführerische Diebe« und »Übrigens, ich liebe dich«), sonnengelbe Bikinis (in »Mein Freund Charlie« und »Die Inkas lassen bitten«) und einen Bademantel (in »Alle für einen«). Dennoch hat sich das Bild von Jody, wie sie im blauen Bikini, den sie sich für eine Urlaubsreise nach Acapulco gekauft hat, durch die Schwingtür von Colts Haus geht, in die Köpfe eingebrannt. Falls sich jemand nicht erinnert – es sah so aus:

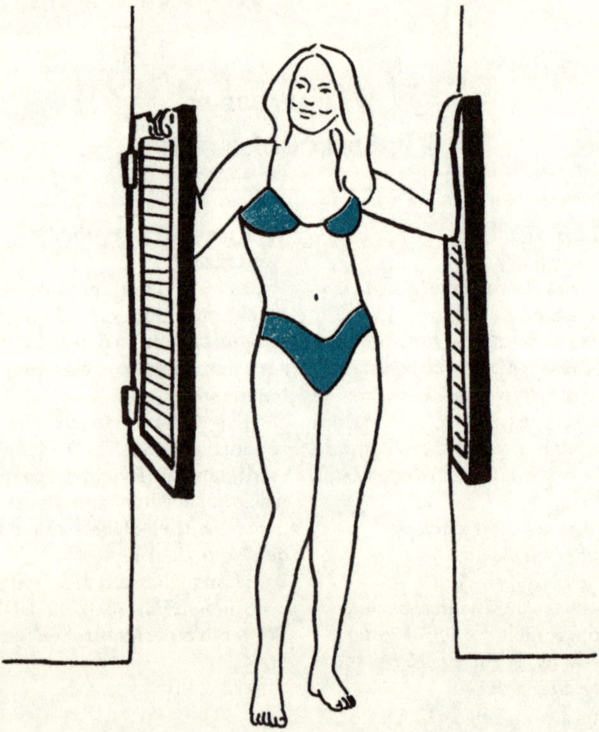

EIN COLT FÜR ALLE FÄLLE

Ein Pin-up für alle Fälle (2)

Stuntfrau Jody stolzierte in einer einzigen Folge, in »Ozzie und Harold« in der ersten Staffel, im blauen Bikini durch die Schwingtür von Colts Haus, und schon landete sie auf Postern, die in vielen Jugendzimmern hingen. Ungerecht! Colt Seavers sieht auch gut aus – und hatte die Idee außerdem zuerst. In der Folge »Räuberpistolen«, acht Folgen vor Jody, ging auch er nahezu unbekleidet durch die Schwingtür.

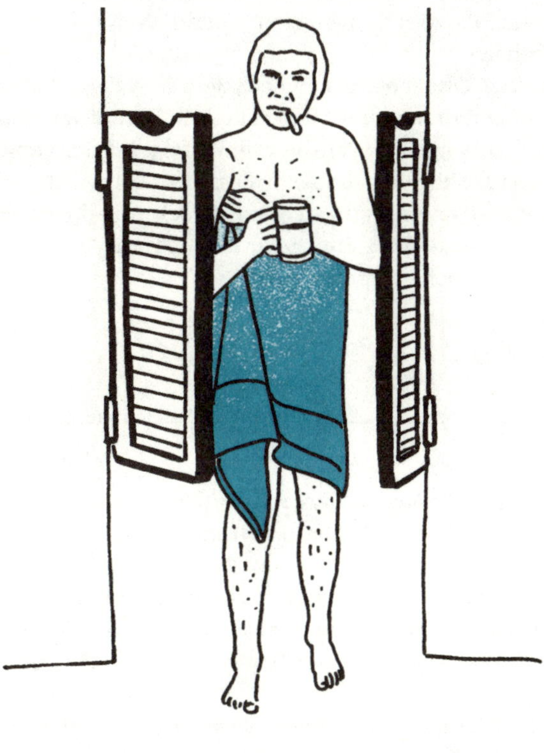

ZITATE

Außerfriesisch

Was die *Simpsons* für die Welt von heute sind, war Otto Waalkes für die deutschsprachige Welt der Achtziger: eine Zitatmaschine, durch die jeder gejagt wurde, der in der Unterhaltungsindustrie gerade einen Namen hatte. *Otto – Der Außerfriesische* aus dem Jahr 1989 zitiert vergleichsweise wenig, dafür aber *Miami Vice* und *Knight Rider.*

In Miami steigt Otto auf der Flucht vor Fieslingen in ein Auto. Es handelt sich um K.I.T.T., der sagt: »Hallo Otto, tut mir leid, aber meine Schnuppersensoren zeigen mir an, dass du im Begriff bist, dir vor Angst in die Hosen zu machen. Darf ich dich aus diesem Grund bitten, das Taxi da vorn zu benutzen? Gute Flucht weiterhin!« Otto: »Danke schön!«

Zuvor fragt Otto einen Mann nach dem Weg, der gerade vor zwei anderen Männern wegrennt. Er ist auf dem Filmset von *Miami Vice* gelandet. Otto wendet sich an die zwei Verfolger, die mit weißem Anzug auf rosa T-Shirt und Sonnenbrille und grauem Anzug mit rotem Hemd und weißer Krawatte an Sonny Crockett und Ricardo Tubbs erinnern, und sagt: »Tach, Herr Miami, Tach Herr Vice!«

Jetzt darf gelacht werden.

Kate Jackson, die Amanda in *Agentin mit Herz* spielte, war mit einem Stuntman verheiratet.

Magnum spielt unter anderem deshalb auf Hawaii, weil man dort die Ausstattung nutzen konnte, die für die Serie *Hawaii Five-O* (1968-1980) schon vorhanden war. In *Magnum* wird *Hawaii Five-O* hin und wieder zitiert.

Goodson Gallery heißt die Kunstgalerie von Jennifer Harts Vater.

AGENTIN MIT HERZ

Küchenquiz

In *Agentin mit Herz* wird am laufenden Band gekocht, Frühstück gemacht, Kaffee zubereitet und so fort. Vor allem Amandas Mutter Dotty verbringt die halbe Serie in der Küche. Doch selbst dort bekommt sie es schon in der allerersten Folge mit Geheimdienstkabalen zu tun – allerdings ohne es zu merken.

Mrs. Welch, die Moderatorin ihrer Lieblingssendung *Die englische Landküche* (im Original *Colonial Cookery*), ist nämlich in Wahrheit eine sowjetische Spionin und gibt in Rezepte wie »Ente à la Nathan Hale« und »Valley-Forge-Schinkenomelettes« verpackte Mordbefehle weiter.

Soll etwa der Agent Elwood Davis ermordet werden, wenn er um 15 Uhr alleine auf dem Gemüsemarkt in Tampa, Florida eintrifft, dann heißt das im Rezept: »Birne Oliver Cromwell (im Original: Pears Paul Revere) wird eine Stunde lang bei 300 Grad gebacken.« (Ja, das ist ziemlich heiß für Birnen.)

Preisfrage für Hobbydetektive: Welcher Mordbefehl ist in folgender Moderation versteckt?

»Willkommen in meiner Küche, liebe Freundinnen. Stellen Sie bitte als erstes Ihre Öfen auf genau 250 Grad ein. Genauigkeit ist auch heute wieder das A und O. Wir werden zusammen backen, und zwar genau eine Stunde lang. Und jetzt sind Sie wohl gespannt, was? Ich sage nur: Pilgrims. Pfirsich. Pastete.«

Antwort: »Pilgrims Pfirsichpastete« (im Original »Pilgrim's Peach Puff«) ist Lee Stetson. Er soll getötet werden, wenn er um 14.30 Uhr alleine in einem Lagerhaus in Washington eintrifft. Wir sind in der ersten Folge, und schon deshalb ahnt man: Der Plan misslingt.

SIMON & SIMON

Geheimnisse von Simon Senior

Der Vater der Brüder Simon starb, als die beiden noch Kinder waren. Ihre Mutter Cecilia musste sie alleine aufziehen. Doch dafür, dass er seit mehr als 30 Jahren nicht mehr lebt, erfahren wir im Laufe der Serie so einiges über Papa Simon:

- Er hieß John Andrew Simon, wurde aber Jack genannt.
- Er sah aus wie A. J. (Jameson Parker spielt ihn in Rückblenden) und trug einen Schnurrbart wie Rick.
- Er hat Rick oft verprügelt.
- Er mochte Baseball.
- Er war Pfeifenraucher.
- Er musste immer anfangen zu lachen, bevor er einen Witz zu Ende erzählte.
- Er fuhr einen braunen Buick Roadmaster Skylark, Baujahr 1953.
- Er sprach Französisch.
- Er war mit seinem besten Freund und späteren Boss Matt Haskell im Krieg zusammen im Geheimdienst.
- Er hat im Zweiten Weltkrieg hinter den feindlichen Linien die französische Resistance unterstützt, um die alliierte Invasion vorzubereiten.
- Er zeugte während des Kriegs, vor der Heirat mit der Mutter der Simons, eine uneheliche Tochter mit einer Französin.
- Er hat als Kriegssouvenir einen SS-Helm aufbewahrt.
- Er war nach dem Krieg Sicherheitschef beim Thinktank Nemesis.
- Er starb offiziell am 16. Februar 1954 bei einem schweren Autounfall, in Wirklichkeit aber Monate später.

SPOILER ALERT:

- Er hat die Flucht von Saboteuren verhindert, die bei Nemesis radioaktives Material zum Bau einer Wasserstoffbombe gestohlen hatten. Nemesis war in Wahrheit ein Rüstungslabor. Dabei wurde er selbst tödlich verstrahlt.
- Er hat so vermutlich die ganzen USA gerettet.

MAGNUM

Eine Frauenserie

Es gibt in *Magnum* vier zentrale Figuren: Neben Thomas Magnum selbst sind das Jonathan Higgins, der Verwalter des hawaiianischen Anwesens von Schriftsteller Robin Masters, sowie Magnums Freunde und Vietnamkameraden Orville Wright, genannt Rick, und Theodore Calvin, genannt TC. Ebenfalls zentrale Rollen haben Robin Masters' roter Ferrari, den Magnum fährt, und die Hunde Zeus und Apollo. Ergibt ein Mann-Auto-Hund-Frau-Verhältnis von 4-1-2-0.

Neben den Hauptfiguren gibt es allerdings eine Reihe wiederkehrender Charaktere, die nicht in allen, aber in mehr als einer Folge der Serie auftreten. Brigitte Scherer hat sie für ihre Doktorarbeit *Thomas Magnum und die Frauen* (1998) gezählt und kommt zu einem erstaunlichen Ergebnis: Zusätzlich zu den sieben Hauptcharakteren gibt es 32 Figuren, die immer wieder vorkommen. Insgesamt tauchen sie genau 200-mal in der Serie auf. 16 dieser Figuren, also genau die Hälfte, sind Frauen. Sie tauchen 95-mal auf. Die meisten Auftritte hatten dabei Agatha Chumley (26), die Staatsanwältin Carol Baldwin (21), Lieutenant Maggie Pole (9), Cleo (6), Magnums Mutter Katherine Magnum Peterson (5) und Michelle und Lily Catherine Hue (je 4).

Falls jemals wieder jemand behauptet, es handle sich bei *Magnum* etc. um Männerkram, kann man sich den Schnurrbart kraulen, eine Bierdose aufmachen, »Klischee!« brüllen und mit den Daten aus der folgenden Statistik auf den dynamischen Wandel verweisen, dem *Magnum* unterworfen war:

	Zahl der Auftritte wiederkehrender Charaktere	Frauenanteil / in %
Staffel 1	8	0 / 0,0
Staffel 2	13	2 / 15,4
Staffel 3	15	8 / 53,3
Staffel 4	22	15 / 68,2
Staffel 5	30	12 / 40,0
Staffel 6	20	10 / 50,0
Staffel 7	50	25 / 50,0
Staffel 8	42	23 / 54,8

SCHÖNE GESCHENKE

Colts Truck, serienmäßig

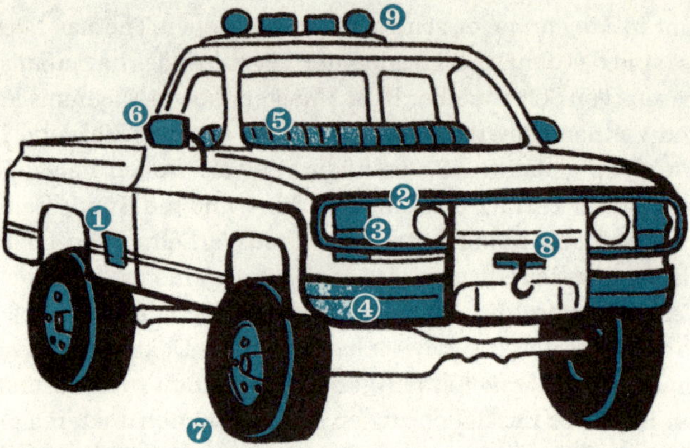

Niemand braucht einen Truck, der aussieht wie der von Colt Seavers. Falls trotzdem jemand einen braucht, kann man sich entweder für 51.695 Euro den braun-gelben höhergelegten VW Amarok (Edition CS) kaufen, den ein Hamburger Händler für Colt-Fans anbietet. Oder man baut sich selber einen. Dann bietet es sich freilich an, bei der Bestellung der Einzelteile auf ein paar Details achtzugeben.

Colt Seavers fährt einen 1982er GMC K-2500 (3/4-Tonner) mit Sierra-Grande-Ausstattung, wobei die GMC-K- bekanntlich die Allradversion der GMC-C-Serie ist. ❶ **Dual-Tanks** sind serienmäßig. ❷ Beim **Grill** handelt es sich um das Chevy-GMC-Modell 81/82-Grille-Repro-Gray »A« für $ 112,44. Zur Befestigung werden acht passende Schrauben und Muttern benötigt. Die obere Grillleiste GMC-81-82-Molding-Upper ($ 24,94), an der bereits sechs Schraubengewinde zur Befestigung am Grille-Repro-Gray »A« angebracht sind, wird mit sechs Muttern befestigt. Für die Befestigung der seitlichen Grillleisten Molding-Side-LH und Molding-Side RH (je $ 24,94) werden vier Clips à $ 1,19 gebraucht. Die untere Grillleiste GMC-81-82 Molding-Lower ($ 24,94) wird mit weiteren sechs Muttern angebracht. ❸ Die **Lichteinfassung,** bestehend aus den Komponenten GMC-81-82-Headlight-Bezel-LH SNGL »C« und GMC-81-82-Headlight-Bezel-RH SNGL »C« (à $ 16,19), wird montiert mit zweimal vier Schrauben und vier Ankermuttern. ❹ Bei der stattlichen **Stoßstange** handelt es sich um eine Chrome Bumper Premium, Plain Front, also ohne Strip Holes ($ 237,44). ❺ Die **Sitzbank** ist ein schwarzer Standard Cab/Crew Cab Front Bench Seat (Listenpreis $ 274,94), nicht zu verwechseln mit dem ähnlichen Standard Cab/Crew Cab Front or Rear Bench Seat: Nur bei Ersterem ist das schwarz-schwarze Streifenmuster der Sitzfläche an der Rückenlehne fortgesetzt. ❻ Die **Seitenspiegel** des Trucks sind als Nachbildung erhältlich; es handelt sich um Door Mirrors Reproduction GM Style, erhältlich mit Flat Glass oder Convex Glass. Nehmen Sie die Flat-Glass-Variante. Benötigt werden ein Mirror-GM STYLE-LH-Flat in Stainless 77-87 und ein Mirror-GM STYLE-RH-Flat in Stainless 77-87 (je $ 37,44). ❼ Die **Originalreifen** von Dick Cepek sind nicht mehr im Katalog des Herstellers. Ersatzweise bietet sich der Reifen Radial F-C II an. Wichtiger sind die Felgen; nahe kommen den Filmversionen die GMC-Polished Aluminium Modular Wheels, denn von allen aktuellen Katalogversionen haben nur sie das originale, achtfach gelochte Seriendesign. In Internetforen ist die Rede von 15x10-Zoll-Felgen, sie kosten $ 174,94 (Stückpreis). ❽ Die **Seilwinde,** die in der Serie häufig am Truck befestigt ist, stammt von der Firma WARN; es handelt sich um das 1974 auf den Markt gekommene Modell M 8724, das 1998, als die Firma 50 wurde, in M 8724-50 umbenannt wurde, was mit kosmetischen Veränderungen verbunden war. 2008 erschien eine Limited Edition, die Winde M 8724-60. Die M 8724-50 hat eine Zugleistung von knapp 3,63 Tonnen. Sie ist in Deutschland über die Taubenreuther GmbH (Am Schwimmbad 8, 95326 Kulmbach) zu beziehen. In der 12-Volt-Variante kostet sie € 2555,42, in der 24-Volt-Variante € 2786,62. Zu den 24-Volt-Seilwinden muss eine Überlastsicherung bestellt werden (€ 587,29 inkl. Messkabel). ❾ Die **Oberlichter** des Trucks – Nebelscheinwerfer – sind in vielen Folgen von Cibié. Ein Paar kann mehr als € 200,00 kosten. Die Frontscheinwerfer mit der Abdeckungsaufschrift »Super Off-Roader« stammen, wie die Reifen, von Dick Cepek. Man bekommt sie in Internetauktionen selten günstiger als für $ 80.

CAMEO-AUFTRITTE OHNE AUFTRITTE

Über wen man so spricht

Man muss nicht selbst mitspielen, um eine Rolle in einer Serie zu spielen: Die Größten ihrer Zunft lassen einfach über sich reden.

RICHARD GERE

Ein Straßenverkäufer, Izzy, verkauft in *Miami Vice* Schuhe, die seiner Aussage zufolge Richard Gere in *American Gigolo* (deutsch: *Ein Mann für gewisse Stunden*) getragen hat. Vorrätig hat Izzy sie in den Größen 40 und 41. Der Kunde hat Größe 46, was aber aus Sicht des Straßenverkäufers kein Problem ist. Er sagt, italienisches Leder lege sich wie Gips oder Schaum um den Fuß.

Richard Gere wird nicht nur für seine Kleidung gelobt, sondern auch für keine Kleidung: In einer Folge von *Agentin mit Herz* will Amandas Mutter mit Amanda ins Kino gehen, und zwar am liebsten in den Film, »in dem sich Richard Gere nackig auszieht«.

WILLIAM POWELL UND MYRNA LOY

William Powell und seine Filmpartnerin Myrna Loy werden rauf- und runterzitiert in *Remington Steele.* Vor allem die *Dünner Mann*-Reihe hat es dem Filmfreund Steele angetan. Darin spielen Powell und Loy das Detektivpärchen Nora und Nick Charles.

Nora und Nick standen auch Pate für *Hart aber herzlich:* Sidney Sheldon, der das Konzept für die Serie entwickelt hat, hat sich erkennbar an *Der dünne Mann* von Dashiell Hammett angelehnt. Myrna Loy spielte 1947 übrigens die weibliche Hauptrolle in der Komödie *So einfach ist die Liebe nicht* – nach einem Drehbuch von Sidney Sheldon.

In der Folge »Ausgebootete Mörder« schauen die Harts sich, im Bett liegend, den *Dünnen Mann* im Fernsehen an.

JOHN WAYNE

Nachdem Amanda, die Agentin mit Herz, unter Drogen gesetzt wurde, redet sie wie John Wayne, wie Lee feststellt. Sie greift sich einen Fön, dessen Batteriefach leer ist, und fragt ihre Mutter empört, warum das Ding nicht geladen sei. Und am Telefon sagt sie zu ihrem Chef (die Folge wurde nie synchronisiert): »Yeah, we've gotta nail this sucker and nail him good ... Bill, we're gonna take no prisoners.«

CLINT EASTWOOD UND ROBERT REDFORD

Ein Colt für alle Fälle spielt häufig auf Filmsets; einmal steht auf einem Regiestuhl »Clint«.

In einem Fall behaupten Howie und Colt, sie seien in der Stadt, um einen Film zu drehen. Sheriff John Cramer fragt neugierig: »Welche Schauspieler werden denn noch dabei sein, ich meine, außer Redwood und Eastford?«

DIE BLONDINE ALS SOLCHE

Und welche Schauspieler sind noch dabei, außer Redwood und Eastford? Colt und Howie behaupten: Farrah Fawcett, Bo Derek, Cheryl Ladd, Loni Anderson, Dolly Parton und Ann-Margret (eigentlich Ann-Margret Olsson). Colt: »Wir haben die besten Frauen Amerikas dafür gewinnen können, John.« Der Zufall will es, dass sie alle blond sind. Muss was mit dem Schönheitsideal der Zeit zu tun haben.

Eine vergleichbare Szene gibt es in *A-Team*. Faceman flunkert im Gespräch mit dem Manager eines mexikanischen Hotels, er sei »von Universal« und drehe hier einen »Farrah-Fawcett-BoDerek-Loni-Anderson-Film«. Was bedeuten soll, dass es sich um einen großen und teuren Film handelt und der Manager am besten sein Hotel räumen möge.

BURT REYNOLDS

Fehlt noch Burt Reynolds, einer der populärsten Schauspieler der Zeit, ohne dessen Filme *Ein Colt für alle Fälle* so nicht entstanden wäre. Reynolds (der, wie Fawcett, Derek, Ladd, Eastwood und Redford, schon im Titelsong erwähnt wird) spielte 1978 im Film *Hooper* einen Stuntman, der sich nach einem Sturz aus großer Höhe der eigenen Sterblichkeit bewusst wird. (Seinen jungen Kollegen Ski spielt übrigens Jan-Michael Vincent alias Huckleberry Hawke aus *Airwolf*.) Als in einer Colt-Folge der Stuntman Steve Kruger aus großer Höhe in einen See stürzt und sich verletzt, fragt Steves Tochter: »Onkel Colt, stirbt mein Daddy jetzt?« Und Colt: »So ein Unsinn, ist Burt Reynolds jemals in einem seiner Filme gestorben?«

Die Folge »Die sorgenvolle Schwester« beginnt mit einem Autostunt: Colt fährt auf zwei Rädern zwischen zwei Trucks durch. Die Konstellation – ein Auto, gesandwicht von zwei Trucks – kennt man aus den *Ausgekochtes Schlitzohr*-Filmen mit Burt Reynolds.

In einer weiteren Folge springen Colt und Howie über die Mauer einer Nervenheilanstalt. Drinnen werden sie von einem Arzt angesprochen, der nicht möchte, dass sie alleine herumlaufen. Es folgt ein recht hübscher Dialog.

Howie: »Wir sind Stuntmen.«

Arzt: »Ach wirklich, dann kennt ihr sicher Burt Reynolds.«

Colt: »Natürlich, den hab' ich schon oft gedoubelt.«

Arzt: »Gut, er ist drin.«

Howie: »Burt Reynolds ist da drin?«

Arzt: »Aber sicher, wir haben Clark Gable, Stan und Ollie, wir haben sogar Charles de Gaulle.«

In der Folge »Der gespielte Tod« spielt Thomas Magnum Beachvolleyball. Er nennt den Sport in der deutschen Version »Zweier-Volleyball«, was ein Übersetzungsfehler ist: In der nicht synchronisierten Fassung ist von »Two-Men-Volleyball« die Rede, was im Englischen gebräuchlich ist. Im Deutschen nicht.

Das erste Beachvolleyball-Spiel soll 1915 stattgefunden haben. Auf Hawaii.

Tom Selleck war selbst ein hervorragender Volleyballspieler. Dass er US-Nationalspieler gewesen wäre, ist aber ein Gerücht.

Der Ring bei einem Catcherinnenshowkampf in *Ein Colt für alle Fälle* ist mit Gelatine gefüllt (Zitronengeschmack).

Der Fußballer Lionel Messi hat seinen 2012 geborenen Sohn Thiago genannt – der Name ist dem Fußballmagazin *11 Freunde* zufolge eine Mischung aus Jago, dem Papagei aus *Aladdin,* und Mr. T, dem B. A. vom A-Team.

AGENTIN MIT HERZ

Sprachen, die ein Agent können muss

Lee Stetson spricht Fremdsprachen. Schon das ist für einen Amerikaner, selbst für einen Geheimdienstmann, nicht selbstverständlich. Noch ungewöhnlicher aber ist seine Sprachenkombination. Lee beherrscht nach eigenen Angaben »fließend Französisch, Holländisch, ein wenig Urdu«.

Urdu ja, Italienisch nein. In einer derart komplizierten Sprache muss Lees Kollegin Francine für ihn dolmetschen. Die ist auch sonst nicht ohne linguistische Talente und spricht Swahili gut genug für ein wenig Smalltalk im Büro: »Salam Aleikum, jambo karibu!« Dass es im Hochswahili kein »Jambo« gibt, sondern zwischen »Hujambo?« (Wie geht es dir?), »Sijambo« (Mir geht es gut!), »Hamjambo« (Wie geht es euch?) und »Hatujambo« (Uns geht es gut!) zu unterscheiden ist, ist ihr sicher bekannt, und sie will nur nicht angeben.

Dagegen tut sich Agentenchef Billy Melrose deutlich schwerer, als er, als afrikanischer Diplomat getarnt, auf einer Party von einer Afrikanistin in ein Gespräch auf Loma verwickelt wird. Bleibt ihm nur, einen dicken Fantasie-Akzent aufzusetzen und sich so aus der Affäre zu winden: »Hier in Amerika, ich muss Englisch sprechen, nicht wahr?«

Amanda lernt in der Episode »Man stirbt nur einmal« mithilfe eines Lehrbuchs und Audiokassetten Russisch. Wichtige Übungssätze: »Das schwangere Schwein verlor seine Ferkel im Stall« und »Die Warzenschweine essen am liebsten Kaviar«.

Auch Amandas Söhne hören mal rein und lernen dies: »Wenn Sie einmal im Gespräch nicht mitkommen, wechseln Sie einfach das Thema. Sagen Sie etwas völlig Unerwartetes. Sie können zum Beispiel ausrufen: ›Rotchina hat Wladiwostok besetzt!‹.«

Mit Deutsch hat es Amanda allerdings nicht so. Das einzige Wort, das sie kennt, ist »Edelweiß«, und das auch nur, weil sie sieben Mal *The Sound Of Music* gesehen hat. Als sie in der Episode »Das Geisterschloss« (im Original »The Legend Of Das Geisterschloss«) in Salzburg im Einsatz ist, ringt sie sich immerhin einmal ein »No, bitte« ab und einmal ein »Guten Bye«.

HART ABER HERZLICH

Das Hart-Imperium

Jonathan Hart ist, das bläut uns schon der Vorspann ein, ein »Selfmade-Millionär«. Wie genau er zu einem der reichsten Männer Amerikas geworden ist, das wissen wir nicht. Nur so viel: Am Anfang stand eine Idee, die mit Transistoren zu tun hatte.

Sein Startkapital waren 1200 Dollar. Seit dem 30. März 1969 ist seine Firma Hart Industries an der Börse. Jonathan hat allerdings immer die Mehrheit der Aktien in eigener Hand behalten und sitzt sowohl dem Aufsichtsrat als auch dem Vorstand vor. In den Achtzigern besteht Hart Industries aus mehr als 20 Unternehmen. Dazu gehören:

- der Chemiekonzern Chem-O-Cal
- der Spielzeughersteller Hartoy
- die Reederei Hart Shipping Lines
- das Bergbauunternehmen Hartscan Mineral Development
- der Parfümproduzent Beaumont
- das Weingut Hart-Cabri

Außerdem diverse Firmen aus den Bereichen Luftfahrt, IT-Technik, Textilien, Elektronik, Landwirtschaft sowie verschiedene freie Forschungsabteilungen.

Die Zeit fragte am 4. Januar 1980: »Ist die große Zeit der Konglomerate in den USA vorbei? Zahlt es sich nicht mehr aus, Chemie- und Düngemittelfabriken, Rohstoffquellen und Einzelhandelsketten unter einem Konzerndach zusammenzufassen (...)?«

Was Jonathan Hart davon hielt, dürfte klar sein.

Der Designer von K.I.T.T., Mike Scheffe, designte auch den DeLorean aus *Zurück in die Zukunft.*

VETERANEN

Dienstgrade beim Militär

In aufsteigender Ordnung:

- **Sergeant Rick Simon** *(Simon & Simon)*
- **Sergeant First Class B. A. Baracus** *(Das A-Team)*
- **Second Lieutenant Nick Ryder** *(Trio mit vier Fäusten)*
  Second Lieutenant Cody Allen *(Trio mit vier Fäusten)*
- **First Lieutenant Templeton Peck** *(Das A-Team)*
- **Captain H. M. Murdock** *(Das A-Team)*
- **Commander Thomas Magnum** *(Magnum)*
  Lieutenant Colonel John »Hannibal« Smith *(Das A-Team)*
- **Colonel Murray Bozinsky** *(Trio mit vier Fäusten)*

WERBEPAUSE

Duracell

»Wieder beweist Duracell im Nonstop-Dauertest:
Alkalische Batterien halten länger als Zink-Kohle-Batterien.
Stunden später: Die Zink-Kohle-Batterien geben auf.
Duracell aber hält entscheidend länger. Je nach Anwendung bis zu fünf Mal.
Duracell hält entscheidend länger.«
(Einblendung: »Hält entscheidend länger als Zink-Kohle-Batterien«)

Was diese Werbung vor Augen führte:
Fiese Psychotechniken beherrschten nicht nur die Bösewichte in amerikanischen Serien. Auch das Werbefernsehen lehrte: Wird eine Botschaft nur oft genug wiederholt, hält sie im Gehirn entscheidend länger.

TOP TEN

American-Football-Geschichten

1 Sonny Crockett und Ricardo Tubbs können sich in *Miami Vice* anfangs nicht riechen. Das Eis schmilzt, als Tubbs sich erinnert: James Sonny Crockett? Richtig: Collegespieler 1988. Entscheidender 82-Meter-Pass sechs Sekunden vor Ende des Spiels gegen Alabama. So werden Männer Freunde. True.

2 Um in die DDR zu gelangen, verkleidet sich Hannibal Smith vom A-Team als Besitzer des Football-Teams Texas Angels und bezeichnet das American-Football-Nationalteam der DDR als gedopt. Daraufhin werden die Texas Angels, genau wie von Hannibal geplant, eingeladen, sich von der ostdeutschen American-Football-Nationalmannschaft bei einem Gastspiel in Berlin (Ost) vermöbeln zu lassen. So lief das jenseits des Eisernen Vorhangs: Man regelte Konflikte ganz fair, bei einem gemeinsamen Schlachtfest.

3 Ein Auftrag führt Thomas Magnum auf ein American-Football-Feld. Das Profiteam der New Jersey Blazers, das hier spielt, ist genauso erfunden wie die Texas Angels. Egal: Hauptsache Schulterpolster.

4 Remington Steele ist eine Erfindung von Laura Holt. Wie immer, wenn etwas erfunden wird, wurde der Erfinder von irgendetwas inspiriert. Laura ließ sich der Legende nach bei der Namensgebung inspirieren von ihrer Schreibmaschine (vom Hersteller Remington) und von einem American-Football-Team, den Pittsburgh Steelers.

5 Colt Seavers, der selbst Quarterback war, bis er ein Problem mit dem Knie bekam, wird von einem Verwandten, dem Football-Profi Jimmy Joe Seavers, zum Training eingeladen. Kurz darauf wird dessen Football-Team entführt, weil es ein Spiel für eine Amateurmannschaft gewinnen soll. Jimmy Joe und Co. spielen also für die Golden Bluffs gegen die Berets. Howie und Colt spielen natürlich mit. Unter Mitwirkung der echten Football-Profis Ted Hendricks (u. a.

Baltimore Colts), Dan Fouts (San Diego Chargers) und Deacon Jones (u. a. Los Angeles Rams).

6 Joe Penny, der den Nick Ryder in *Trio mit vier Fäusten* spielte, bekam mit 18 Jahren ein Football-Stipendium, wollte aber doch lieber Schauspieler werden. Was er bekanntlich mit riesigem Erfolg wurde. Auch Gerald McRaney, der Rick Simon aus *Simon & Simon,* gab eine Football-Karriere zugunsten der Schauspielerei auf; in seinem Fall aber eher unfreiwillig – er hatte eine Knieverletzung (wie Colt Seavers).

7 MacGyver ist in einer Folge in einer Schulklasse zu Gast, und er wäre kein Superheld der Achtziger, wenn er nicht der Topmotivator für vernachlässigte Kids wäre. Also legt er den Schüler und Football-Spieler Deron mit einem kleinen Trick aufs Kreuz und zitiert Archimedes: »Gib mir einen Punkt, auf dem ich stehen kann, und ich hebe die Welt aus den Angeln.« Woraufhin Deron sagt: »Archimedes? Klingt nach einem coolen Kerl. Für wen hat er gespielt?« Die Antwort bleibt offen. Falls sie jemand kennt, bitte Nachricht.

8 Sonny Crockett hat in *Miami Vice* einen Mitbewohner auf dem Hausboot: Elvis. Elvis hat früher als Maskottchen des Alligator-Football-Teams der University of Florida gearbeitet. Raten Sie mal, um welches Tier es sich bei Elvis handelt.

9 Amanda King, die Agentin mit Herz, ermittelt in der Folge »Sudden Death« mit Lee undercover bei einem Football-Team. Lee als Spieler, sie als Reporterin. Als sie nachts bei einer Ermittlungsbesprechung zu zweit von einem Trainer erwischt werden, knutschen sie zum Vorwand. Sogar wenn es um Football geht, wird bei der *Agentin* geliebt. Herrje.

10 American Football ist ein zentraler Bestandteil der Biographie Thomas Magnums. Einmal sagt er, sein letztes Football-Spiel habe er gegen Michigan absolviert; ein andermal, das letzte Spiel sei für die Navy gewesen, im jährlichen Spiel gegen die Army. Natürlich gibt es nur deshalb zwei verschiedene Versionen, weil man einfach mal testen wollte, ob die Zuschauer auch aufpassen.

LOGOS

Schönes Corporate-Design

Phoenix Foundation,
Arbeitgeber von MacGyver.

Foundation für Recht und
Verfassung, Arbeitgeber von
Michael Knight.

Fall Guy Stuntman Association,
Stuntman-Vereinigung von
Colt Seavers.

»Die Agentur«, US-Geheimdienst,
der Amanda King als freie
Mitarbeiterin beschäftigt.

Jonathan Hart Industries, die Unternehmensgruppe von Jonathan Hart.

Jonathan und Jennifer Hart, Privatwappen.

Simon & Simon, die Detektei von Rick und A. J. Simon.

Airwolf-Besatzung, Uniformabzeichen.

DREHORTE

Wo die wilden Kerle wohnen

1. Remington Steeles Büro: 2029 & 2049 Century Park East, Century City, Los Angeles

2. Remington Steeles Privatadresse: 316 North Rossmore Ave, Los Angeles

3. Vorspann von *Knight Rider*: El Mirage Dry Lake, Mojave Desert

4. Ranch von General Stockwell, dem Erzfeind des A-Teams: 31727 Mulholland Highway, Malibu

5. Büro von Rick und A. J. Simon (jedenfalls meistens): The Keating Building, 432 F Street, San Diego

6. A. J. Simons Haus: 2604 Grand Canal, Venice, Los Angeles, Kalifornien (in der Serie: San Diego)

7. Liegeplatz der Riptide aus *Trio mit vier Fäusten*: King Harbor, Redondo Beach

8. Amanda Kings Haus: 4247 Warner Boulevard, Burbank (in der Serie: 4247 Maplewood Drive, Arlington, Virginia)

9. Santini Air Hangar: 16303 Waterman Drive, Van Nuys, Los Angeles

10. Die Firma: 1 Baxter Way, Westlake Village

11. »Huckleberry« Hawkes Hütte: Lake Hemet, San Bernardino National Forest

12. MacGyvers Haus: (erste Staffel) 317 Ocean Front Walk, Venice, Los Angeles

13. Haus der Harts: 3100 Mandeville Canyon Road, Los Angeles (in der Serie: 3100 Willow Pond, Los Angeles)

14. Hart Industries (u. a.): 2040 Avenue of the Stars, Century City, Los Angeles (inzwischen abgerissen, gehörte zum selben Komplex, in dem auch Remington Steeles Büro liegt.) (in der Serie: 1121 North Las Palmas, Los Angeles, Kalifornien)

15. Colt Seavers' Hütte: 7134, Sycamore Trail, Hollywood Hills, Los Angeles

TRIO MIT VIER FÄUSTEN

Nicks Highschool-Spitznamen

In der Folge »Verwischte Spuren« besucht Nick sein Highschool-Klassentreffen (Class of '69) und nimmt auch Cody und Murray mit. Eigentlich erwartet er, dass alle seine Mitschüler es höchstens zum Tankwart oder Surfbrettladen-Betreiber gebracht haben. Zu seiner Überraschung führt jedoch einer ein tolleres Jetset-Leben als der andere. Kein Wunder, stellt sich doch später heraus, dass der größte Teil der Klasse gemeinsam einen Drogenring aufgebaut hat. Der Ring überlebt das Ende der Episode so wenig wie einer von Nicks Klassenkameraden. Aber immerhin erfahren wir in der Folge, welche lustigen Spitznamen Kumpels wie »Beebo«, der »Kohlkopf« und die »Saftflasche« Nick Ryder in der Schule so verpasst hatten.

Bei den Jungs war er:
- »Rip« (In der deutschen Fassung: »Flop«)
- »Nicker«
- »Pepperoni Man«

Bei den Mädchen:
- »Dream Machine« (In der deutschen Fassung: »Traummann«)
- »Dream Scene« (»Traumfigur«)
- »Snuggles« (»Nickichen«)

Cody will da natürlich nicht zurückstehen und legt sich einfach selbst einen Spitznamen zu: »Der Code«.

In der *Trio mit vier Fäusten*-Folge »Geheimmission Bozinsky« läuft eine neu getextete Version des *Ghostbusters*-Songs von Ray Parker junior: »Boz Busters«.

TRIVIA

Übrigens …

Zum Freundeskreis, aus dem später das A-Team wurde, gehörte in Vietnam auch Raymond Brenner. Er taucht nur einmal auf: Das A-Team fährt zu seiner Beerdigung.

Der Dorf-Pub in der britischen Comedy-Show *Little Britain,* den Daffyd, »the only gay in the village«, immer besucht, heißt The Scarecrow And Mrs. King.

Das Haus, das heute auf jenem Grundstück neben A. J. Simons Haus steht, auf dem seinerzeit Ricks Boot abgestellt war, stand im November 2012 zum Verkauf. Für knapp 2,3 Mio. Dollar hätte man es also theoretisch kaufen, abreißen und dann die eigene Schaluppe dort parken können.

Am Anfang der *Trio mit vier Fäusten*-Episode »Das Attentat« erzählen sich Mitglieder von Murrays Hochbegabten-Club einen Witz. Im Laufe der Folge können darüber alle herzlich lachen, sogar weniger intellektuelle Zeitgenossen wie Cody und die Kellnerin im Café am Pier 56. Bloß Nick versteht den Witz einfach nicht.
Und so geht er: »Womit fängt alles Griechische an, und es fährt auch noch durch Italiens Straßen?« »Alfa.«
Nicht lustig? Vielleicht ist das Original besser: »What do you call something that's 1.57 and also a dessert?« »Piece of pi.«

Bei dem deutschen Kriminalbeamten, mit dem Lee und Amanda es in der *Agentin mit Herz*-Episode »Our Man In Tegernsee« zu tun bekommen, ist zwar der Dienstgrad nicht sehr deutsch, aber immerhin hat »Lieutenant Dieter Volkenauer« einen astreinen deutschen Polizistenschnurrbart.

Murrays Gegner in der Game-Show *Superhirn* ist ein »Herausforderer, der in Harvard, Princeton und Cal Poly promoviert hat und jetzt als Elektroschweißer in Bismarck, North Dakota arbeitet: Horst Dunkman.«

Murrays Gewinnerantwort ist die Zahl der Schlaglöcher in Ohio: 1 638 156.

In der Welt von *Airwolf* konnten ruckelfreie Videos auf 5 1/4-Zoll-Disketten gespeichert werden.

In zwei Episoden von *Hart aber herzlich* besucht Jennifer mit ihrem Mann ihren Vater und ihr Elternhaus. Der Vater ist jedes Mal derselbe, verkörpert vom Schauspieler Ray Milland. Nur das Haus ist einmal eine weiße Kolonialvilla, einmal ein großer Bau im englischen Landhausstil.

Jennifer Hart ist am 2. November 1946 geboren, Stefanie Powers am 2. November 1942.

In der *Trio mit vier Fäusten*-Folge »Heiß begehrt und tiefgefroren« sind die Bösen tatsächlich hinter einem Fläschchen gestohlenen Pferde-Spermas her.

In der *Hart aber herzlich*-Folge »Gefährliches Spielzeug« läuft in einem Autokino der Film *Das Wunder von Manhattan* von 1947. Das war einer der ersten Filme mit Robert Wagners damaliger Frau Natalie Wood.

Beide Hauptdarsteller von *Hart aber herzlich* traf während der dritten Staffel innerhalb weniger Tage ein schwerer Schicksalsschlag. Stefanie Powers' Lebensgefährte, der Hollywood-Schauspieler William Holden *(Boulevard der Dämmerung, Die Brücke am Kwai)*, stolperte im November 1981 alkoholisiert in seiner Wohnung über einen Teppich, schlug sich dabei den Kopf an und verblutete. Nur siebzehn Tage später stürzte Robert Wagners Ehefrau Natalie Wood *(... denn sie wissen nicht, was sie tun, West Side Story)* bei einem Bootsausflug auf bis heute ungeklärte Weise ins Wasser und ertrank. Mit an Bord war neben Robert Wagner und dem Skipper auch Christopher Walken. Gerüchte, dass einer der beiden Schauspieler schuld an Woods Tod sei, kommen bis heute immer wieder auf. Zuletzt nahm die Polizei deswegen 2011 erneut Ermittlungen auf, fand aber keine Anhaltspunkte dafür, dass Natalie Woods Tod etwas anderes als ein Unfall gewesen wäre.

PRODUKTIONSNETZWERK

Wie alles zusammenhängt

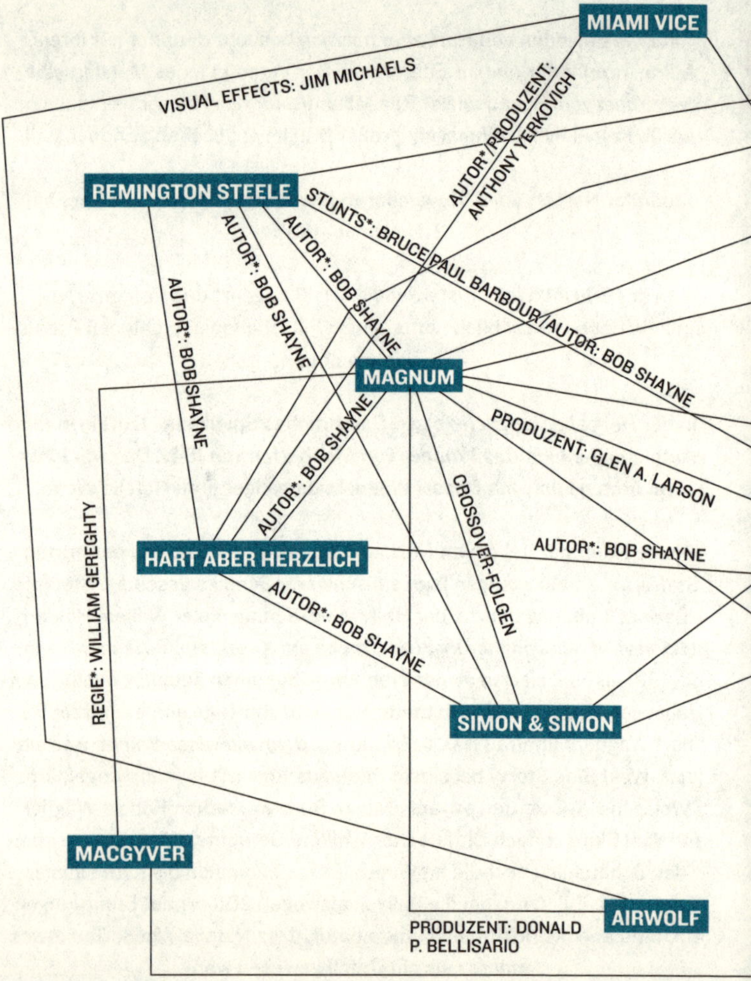

*) einige Episoden

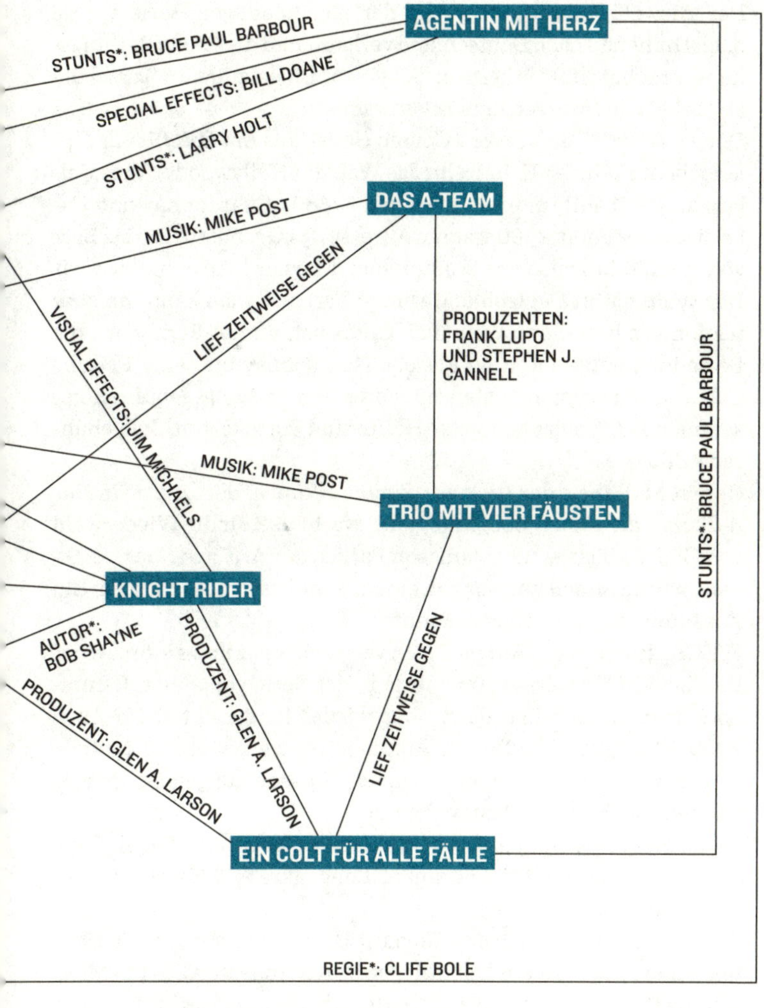
AGENTIN MIT HERZ
STUNTS*: BRUCE PAUL BARBOUR
SPECIAL EFFECTS: BILL DOANE
STUNTS*: LARRY HOLT
DAS A-TEAM
MUSIK: MIKE POST
LIEF ZEITWEISE GEGEN
VISUAL EFFECTS: JIM MICHAELS
PRODUZENTEN: FRANK LUPO UND STEPHEN J. CANNELL
STUNTS*: BRUCE PAUL BARBOUR
MUSIK: MIKE POST
TRIO MIT VIER FÄUSTEN
KNIGHT RIDER
AUTOR*: BOB SHAYNE
PRODUZENT: GLEN A. LARSON
LIEF ZEITWEISE GEGEN
PRODUZENT: GLEN A. LARSON
EIN COLT FÜR ALLE FÄLLE
REGIE*: CLIFF BOLE

SERIENDARSTELLER

Was danach geschah

- Der Airwolf-Hubschrauber aus der gleichnamigen Serie wurde nach Drehende nach Deutschland verkauft und diente als Rettungshubschrauber. 1992 stürzte er bei einem Einsatzflug im Sauerland ab, wobei alle Insassen ums Leben kamen.
- Douglass Barr, Colt Seavers' Cousin Howie aus *Ein Colt für alle Fälle,* ist heute Winzer. Er betreibt das Weingut Hollywood & Vine Cellars und verkauft unter dem Namen »2480« Chardonnay und Cabernet Sauvignon. 2480 war die Adresse des Grundstücks, das Barr von dem kalifornischen Weinpionier Maynard Amerine erwarb. Der Wein hat in Deutschland keinen Vertrieb, man kann ihn aber telefonisch bestellen. Wenn man Glück hat, nimmt Barr selbst die Bestellung entgegen. Eine Flasche Chardonnay und eine Flasche Cabernet Sauvignon kosten inklusive Verschiffungsgebühren zusammen 240 Dollar, knapp die Hälfte sind Portokosten. Zollgebühren exklusive.
- Gerald McRaney, der Rick aus *Simon & Simon,* der zuletzt in *Das A-Team – der Film* (2010) mitspielte, warb 1992 für die Wiederwahl von George Bush senior. Jameson Parker, der A. J. aus *Simon & Simon,* wurde im selben Jahr von einem Nachbarn angeschossen. Ein Zusammenhang ist nicht bekannt.
- K.I.T.T., das Auto aus *Knight Rider,* war nicht ganz unzerstörbar; der Pontiac Firebird Trans Am wurde in der Serie von einem Rammbock beinahe erledigt, dann aber wieder hergerichtet. Im April 2009 allerdings schaffte der Automobilkonzern General Motors, was dem Rammbock nicht in letzter Konsequenz gelang: Er verkündete das Ende der Marke Pontiac.
- In der Rolle des Hannibal rauchte George Peppard in *Das A-Team* unentwegt Zigarre. 1992 bekam er Lungenkrebs, 1994 starb er an einer Lungenentzündung.
- Als Angus MacGyver baute Richard Dean Anderson aus Bambus und einer Zeltplane ein Leichtflugzeug. Als Anderson 2011 in Malibu eine Panne mit seinem Audi hatte, schaute er etwas hilflos unter die geöffnete Motorhaube und wartete dann, bis Hilfe kam. Um sie

zu rufen, benutzte er eine verrückte Erfindung, ein sogenanntes Mobiltelefon.

- Thom Bray, der Boz in *Trio mit vier Fäusten,* sprach die Tomate Wilbur, einen Kriegsveteran aus dem Großen Tomatenkrieg, in *Angriff der Killertomaten.* Bekannt als anspruchsvoller Mime, wurde er 2001 Schauspiellehrer an der Portland University.
- Dwight Schultz, der in *Das A-Team* den Murdock spielte, trat gelegentlich als Kolumnist von breitbart.com auf, dem Meinungsportal des 2012 gestorbenen rechtspopulistischen Bloggers und Obama-Kritikers Andrew Breitbart. Schultz kritisierte etwa US-Präsident Barack Obama dafür, den Islam »heilig« zu nennen. Als Schauspieler ist er nach wie vor gebucht auf die Rolle der psychisch labilen Persönlichkeit.
- John Hillerman, der Higgins aus *Magnum,* lebt heute zurückgezogen. 1996 wurde gemeldet, Hillerman sei gestorben, was aber nicht stimmte. Ganz falsch war es zwar auch nicht, es handelte sich aber um einen Namensvetter.
- Fernsehhelden wedeln mit Waffen, so ist das eben, und kein Krimi-Fan findet es wirklich noch erwähnenswert. Im echten Leben sieht es anders aus, wie Tom Selleck, der die Titelrolle in *Magnum* spielte, erfahren musste: Als Gast der *Rosie O'Donnell Show* wurde er von der Gastgeberin für seine Mitgliedschaft in der National Rifle Association heftig kritisiert.
- Kate Jackson, die *Agentin mit Herz,* geistert regelmäßig durch US-amerikanische People-News, was nicht heißt, dass sie sich regelmäßig irgendetwas zuschulden kommen ließe, aber so richtig gut beraten war sie beim Kauf eines überteuerten Hauses, der sie zu ruinieren drohte, wohl wirklich nicht.
- Tom Selleck übernahm 1988, nach dem Ende der *Magnum*-Produktion auf Hawaii, mit Larry Manetti und zwei Geschäftspartnern ein Restaurant in Honolulu, das Restaurant Row, das sie nach einer *Magnum*-Episode in The Black Orchid umbenannten. Nach ein paar Jahren gaben sie es wieder auf.

EIN JAHRZEHNT IN LISTEN

Das waren die Achtziger

SCHAUSPIELER, DIE AN DEN US-KINOKASSEN ZOGEN

1980 Burt Reynolds, Robert Redford, Clint Eastwood (erste Frau auf Platz 4: Jane Fonda)

1981 Burt Reynolds, Clint Eastwood, Dudley Moore (Platz 4: Dolly Parton)

1982 Burt Reynolds, Clint Eastwood, Sylvester Stallone (Platz 6: Dolly Parton)

1983 Clint Eastwood, Eddie Murphy, Sylvester Stallone (keine Frau in den Top 10)

1984 Clint Eastwood, Bill Murray, Harrison Ford (Platz 5: Sally Field)

1985 Sylvester Stallone, Eddie Murphy, Clint Eastwood (Platz 10: Meryl Streep)

1986 Tom Cruise, Eddie Murphy, Paul Hogan (Platz 5: Bette Midler)

1987 Eddie Murphy, Michael Douglas, Michael J. Fox (Platz 7: Glenn Close)

1988 Tom Cruise, Eddie Murphy, Tom Hanks (Platz 7: Bette Midler)

1989 Jack Nicholson, Tom Cruise, Robin Williams (Platz 10: Kathleen Turner)

DIE KINOSCHLAGER

1. *E. T. – Der Außerirdische* (1982): Einspielergebnis 400 Millionen $
2. *Die Rückkehr der Jedi-Ritter* (1983): 263 Millionen $
3. *Batman* (1989): 252 Millionen $
4. *Jäger des verlorenen Schatzes* (1981): 243 Millionen $
5. *Beverly Hills Cop* (1984): 235 Millionen $
6. *Das Imperium schlägt zurück* (1980): 223 Millionen $
7. *Ghostbusters* (1984): 221 Millionen $
8. *Zurück in die Zukunft* (1985): 209 Millionen $
9. *Indiana Jones und der letzte Kreuzzug* (1989): 198 Millionen $
10. *Indiana Jones und der Tempel des Todes* (1984): 180 Millionen $

DER OSCAR (FÜR DEN BESTEN FILM) GEHT AN…

1980 *Kramer gegen Kramer*
1981 *Eine ganz normale Familie*
1982 *Die Stunde des Siegers*
1983 *Gandhi*
1984 *Zeit der Zärtlichkeit*
1985 *Amadeus*
1986 *Jenseits von Afrika*
1987 *Platoon*
1988 *Der letzte Kaiser*
1989 *Rain Man*

DIE ALBEN DES JAHRES BEI DEN GRAMMYS

1980 Christopher Cross: *Christopher Cross*
1981 John Lennon and Yoko Ono: *Double Fantasy*
1982 Toto: *Toto IV*
1983 Michael Jackson: *Thriller*
1984 Lionel Richie: *Can't Slow Down*
1985 Phil Collins: *No Jacket Required*
1986 Paul Simon: *Graceland*
1987 U2: *Joshua Tree*
1988 George Michael: *Faith*
1989 Bonnie Raitt: *Nick Of Time*

DIE HÖRZU-LESERWAHL BEI DER GOLDENEN KAMERA

1980 Horst Tappert (Kategorie: Beliebtester Krimiheld)
1981 Franz Beckenbauer (Bester Sportler)
1982 Friedrich Nowottny (Bester Politik-Moderator)
1983 Carolin Reiber / Peter Alexander (Bester Fernsehliebling weiblich / männlich)
1984 Anja Kruse (Bester Nachwuchsstar)
1985 Thekla Carola Wied / Peter Weck (Beliebtestes Serienpaar)
1986 Dagmar Berghoff (Beste Fernsehdame)
1987 Mary & Gordy (Beste Comedy) / Andrea Scherell (Bester Moderator im Privatfernsehen)
1988 Harry Valérien (Bester Sportreporter)
1989 Uschi Glas (Beliebteste Seriendarstellerin)

DIE GEWINNER DES GOLDENEN OTTOS DER BRAVO (IN DER KATEGORIE TV-STAR)

1980 Robert Urich, Farrah Fawcett
1981 Patrick Duffy, Victoria Principal
1982 Patrick Duffy, Victoria Principal
1983 John James, Heather Locklear
1984 Tom Selleck, Stefanie Powers
1985 Richard Chamberlain, Heather Thomas
1986 Bruce Boxleitner, Kate Jackson
1987 Don Johnson, Kate Jackson
1988 David Hasselhoff, Kate Jackson
1989 David Hasselhoff, Heather Locklear

DIE MEISTVERKAUFTEN SINGLES IN DER BUNDESREPUBLIK

1980 Goombay Dance Band: »Sun Of Jamaica«
Pink Floyd: »Another Brick In The Wall (Part II)«
Ottawan: »D.I.S.C.O«
1981 Electronica's: »Dance Little Bird«
Stars on 45: »Stars On 45«
Kim Wilde: »Kids In America«
1982 OMD: »Maid Of Orleans (The Waltz Joan Of Arc)«
Spider Murphy Gang: »Skandal im Sperrbezirk«
Al Bano und Romina Power: »Felicità«
1983 Peter Schilling: »Major Tom (völlig losgelöst)«
Nena: »99 Luftballons«
Mike Oldfield: »Moonlight Shadow«
1984 Laura Branigan: »Self Control«
Nino de Angelo: »Jenseits von Eden«
Frankie Goes To Hollywood: »Relax«
1985 Opus: »Live Is Life«
Modern Talking: »You're My Heart, You're My Soul«
Paul Hardcastle: »19«
1986 Falco: »Jeanny Part 1«
Chris Norman: »Midnight Lady«
Level 42: »Lessons In Love«
1987 Desireless: »Voyage Voyage«
Madonna: »La Isla Bonita«
Pet Shop Boys: »It's A Sin«

1988 Milli Vanilli: »Girl You Know It's True«
Ofra Haza: »Im Nin' Alu«
O.K.: »Okay!«
1989 David Hasselhoff: »Looking For Freedom«
Mysterious Art: »Das Omen (Teil 1)«
Robin Beck: »First Time«

DIE WELT IM ÜBERBLICK

1980

- Ronald Reagan wird zum US-Präsidenten gewählt.
- Auf der Danziger Lenin-Werft wird gestreikt. Solidarność wird gegründet, die erste freie Gewerkschaft in einem kommunistischen Land.
- Saddam Husseins Irak greift den Nachbarn Iran an und beginnt einen sechsjährigen Krieg.
- Auf dem Münchner Oktoberfest tötet ein Rechtsradikaler bei einem Bombenanschlag 13 Menschen, darunter sich selbst.
- Der Vulkan Mount St. Helens in den USA bricht aus und verursacht Milliardenschäden.
- Ernö Rubiks Zauberwürfel kommt auf den Markt.
- Macaulay Culkin wird geboren, Kevin McCallister spielte er mit neun. Wie? Ja, *Kevin allein zu Haus* ist schon so alt.

1981

- In den USA geht MTV auf Sendung. Ohne MTV kein *Miami Vice*.
- In Spanien versuchen rechte Militärs, die Demokratie wieder wegzuputschen, scheitern aber an König Juan Carlos.
- In Polen wird das Kriegsrecht verhängt.
- Das Spaceshuttle Columbia, die erste bemannte Raumfähre, hat seinen Jungfernflug.
- Prinz Charles heiratet Lady Di, ein echtes Traumpaar, Millionen hängen beglückt vorm Fernseher.

1982

- Die US-Sitcom *Bosom Buddies* mit Tom Hanks wird abgesetzt.
- Helmut Schmidt verliert das Misstrauensvotum, Helmut Kohl wird neuer Bundeskanzler.

- Argentinien besetzt die Falklandinseln. In einem zweieinhalbmonatigen Krieg erobert Großbritannien die Inselgruppe zurück.
- Philips und Sony bringen die Audio-CD in den Handel.
- Einem Mann im US-Bundesstaat Utah wird das erste Kunstherz eingesetzt.
- Der Commodore 64 kommt auf den Markt.

1983
- Die Swatch wird eingeführt.
- In Deutschland gibt es Massendemonstrationen gegen den NATO-Doppelbeschluss.
- In Bonn eskaliert die Flick-Affäre.
- Die Grünen ziehen in den Bundestag ein.
- Der *Stern* glaubt, die Tagebücher Adolf Hitlers entdeckt zu haben.
- Björn Borg hängt den Tennisschläger an den Nagel.

1984
- In Deutschland startet das Privatfernsehen. Sat 1 heißt zu diesem Zeitpunkt PKS. PKS ist einen Tag vor RTL auf Sendung.
- Im indischen Bhopal entweicht eine toxische Wolke aus einem Chemiewerk und tötet Tausende Menschen.
- Die Sowjetunion und die DDR boykottieren die Olympischen Spiele in Los Angeles, wie vier Jahre zuvor die USA und die BRD die Spiele in Moskau.
- *1984* kommt ins Kino.
- Apple bringt den Mac 128K heraus.

1985
- Das Nintendo Entertainment System erscheint, das Spiel *Super Mario Bros.* inklusive.
- Michail Gorbatschow wird neuer Generalsekretär der KPdSU.
- Österreichische Winzer werden dabei ertappt, dass sie ihre Weine mit dem Frostschutzmittel Glykol panschen.
- Bob Geldof organisiert das Mammutkonzert *Live Aid* zugunsten hungernder Menschen in Äthiopien.
- Boris Becker gewinnt erstmals in Wimbledon.

1986

- Daniela Katzenberger wird geboren.
- Atomunglück in Tschernobyl. Eine radioaktive Wolke zieht über Europa.
- Die *Oprah Winfrey Show* wird erstmals ausgestrahlt.
- In Washington sorgt die Iran-Contra-Affäre für Aufregung
- Kurz nach dem Start in Cape Canaveral explodiert die Raumfähre Challenger vor laufenden Kameras.
- Reinhold Messner besteigt den letzten ihm noch fehlenden Achttausender.

1987

- In der Serie *The Hogan Family* fällt, erstmalig im US-Fernsehen, das Wort »Kondom«.
- Michail Gorbatschow kündigt die Perestroika an.
- Die Palästinenser beginnen die Erste Intifada, die sechs Jahre dauern wird.
- Der 19-jährige Deutsche Mathias Rust dringt mit einer Cessna in den sowjetischen Luftraum ein und landet auf dem Roten Platz.
- Der Schwarze Montag an der Wall Street ist der schlimmste Börsenkrach seit 1929.

1988

- Céline Dion gewinnt für die Schweiz den Grand Prix d'Eurovision de la Chanson.
- George H. W. Bush, bisher Vize-Präsident, wird zum neuen US-Präsidenten gewählt.
- Libysche Geheimagenten sprengen einen PanAm-Jet über der schottischen Ortschaft Lockerbie in die Luft. 270 Menschen sterben.
- Die Rote Armee beginnt mit dem Rückzug aus Afghanistan.
- Bei einer Flugschau auf der US-Militärbasis im deutschen Ramstein stürzt ein Jet in die Zuschauermenge und tötet 70 Menschen.
- Prinz Andrew und Sarah Ferguson heiraten. Noch ein Traumpaar.

1989

- Der amerikanische Sender Fox strahlt die erste Folge der *Simpsons* aus.
- Die chinesische Führung schlägt die Protestbewegung nieder. Es kommt zum Massaker auf dem Platz des Himmlischen Friedens.
- Der Gameboy kommt auf den Markt. Mitgeliefert wird das Spiel *Tetris*.
- Überall in Osteuropa wanken die kommunistischen Regierungen.
- 150 Techno-Fans veranstalten in Berlin die erste *Love Parade*.
- November: Fall der Berliner Mauer.
- Dezember: David Hasselhoff singt an Silvester, einen Schal mit Klaviertastaturaufdruck um den Hals, in Berlin »Looking For Freedom«. (Man beachte den zeitlichen Ablauf.)

WERBEPAUSE

Allianz-Lebensversicherung

♫ *An einem 13., mein Sohn,*
da wurdest du geboren.
An jenem Freitag dacht' ich
schon, die Welt hätt' sich
verschworen.
ich ging gleich hin zur Allianz
und sicherte dein Leben,
wir nannten dich zum Glück
noch Hans, so ging nichts mehr
daneben.
Denn wer sich Allianz-
versichert, der ist voll und ganz
gesichert
Der schließt vom ersten
Augenblick ein festes Bündnis
mit dem Glück.
Eine Allianz fürs Leben. ♫

Wie heißen Vater und Sohn, und wo wohnen sie?
Man sieht im Spot den Vater einen Versicherungsbogen ausfüllen. Darauf steht es:
Der am 7. Mai 1946 in Trier geborene Diplom-Ingenieur Werner Reimer, wohnhaft in der Lindenallee 56 in 8900 Augsburg, schließt eine Lebensversicherung für seinen Sohn Hans Reimer ab.
Realitätscheck: Eine Straße dieses Namens existiert, anders als eine Lindenstraße, in Augsburgs Straßenplan nicht.

BÜCHER VON DARSTELLERN

Weiterführende Lektüre

Greg Morton (alias Jamie King, Sohn der *Agentin mit Herz*)
The Fury Of The Bear
Roman, 342 Seiten, 2011
Worum es geht: Virgil »Bear« Ryan ist Hilfssheriff, Sanitäter und Bergretter in Colorado. Eines Tages meldet sich Elizabeth Rush bei ihm und seinem Team. Die wohlhabende Dame will das Wrack eines vor sechzig Jahren in den Anden abgestürzten Flugzeugs bergen lassen. Doch da ist auch der »Fox«, ein Meisterspion, dessen Pfade sich in schwindelnden Höhen mit denen von »Bear« kreuzen. Eine »Lawine von Action und Abenteuer« kommt in Gang.
Eine freundliche Amazon-Rezension: »Ich habe das Buch neulich gelesen, und es ist wirklich ein großartiges Buch mit vielen Beschreibungen und Details.«
Eine nicht so freundliche Amazon-Rezension: »Ich fand das Buch praktisch unlesbar – vor allem, weil der Autor sich offenkundig nicht zwischen Präsens und Imperfekt entscheiden konnte.«

David Hasselhoff
Don't Hassel The Hoff
Autobiographie, 304 Seiten, 2007
Worum es geht: *Don't Hassel The Hoff* zeichnet die »phänomenale Karriere« David Haselhoffs nach, eines »internationalen Megastars«, bekannt aus Funk, Fernsehen und von den großen Bühnen dieser Welt. Über die schönsten Momente seines Privatlebens wird genauso offen berichtet wie über die tiefen Abgründe, in die ihn Beziehungsprobleme und Alkoholsucht gestürzt haben.
Eine freundliche Amazon-Rezension: »Ein Muss für alle. Wie kann ein psychisch instabiler, egoistischer, ungebildeter Drogenabhängiger so berühmt und wohlhabend werden? Glück, Talent, ist er ein Gott? Wer weiß.«
Eine nicht so freundliche Amazon-Rezension: »Ernsthaft: Ich kann mir nicht vorstellen, dass irgendjemand dieses Buch wirklich kauft und liest. Wie kann ein menschliches Leben so leer sein?«

Bruce Boxleitner
Frontier Earth
Roman, 336 Seiten, 2001
Worum es geht: Das Raumschiff von Monitor Macklin und Monitor Doris wird von den aggressiven außerirdischen Kra'agh angegriffen. Sie stürzen auf die Erde und landen in Tombstone, Arizona, und zwar im Jahr 1881. Doch auch die Kra'agh sind gecrasht, und so kommt es ausgerechnet hier im Wilden Westen zum entscheidenden Kampf zwischen Aliens und Menschen. Sie mischen sich dabei sogar in die berühmte Schießerei am OK Corral zwischen Wyatt Earps Männern und der Clanton-Gang ein.
Eine freundliche Amazon-Rezension: »Ein großer Lesespaß. Wenn Sie *Cowboys und Aliens* mögen, wird Ihnen dieses Buch gefallen. Ich freu mich jetzt schon auf die Fortsetzung :)«
Eine nicht so freundliche Amazon-Rezension: »Gut geschrieben, manchmal allerdings etwas unbeholfen.«

Heather Thomas
Trophies
Roman, 592 Seiten, 2002
Worum es geht: Marion Zane ist die ungekrönte Charity-Königin von Los Angeles. Doch eine eifersüchtige Konkurrentin und ihr Komplize setzen sie unter Drogen, so dass sie plötzlich als untreu und womöglich geisteskrank dasteht. Sie verliert alles – ihren Mann, ihr Geld und ihre gesellschaftliche Stellung. Aber Marion wäre nicht Marion, wenn sie nicht anfangen würde, sich wieder nach oben durchzuboxen – mit der Hilfe ihrer besten Freundinnen.
Eine freundliche Amazon-Rezension: »Beeindruckendes Buch über die Stärke und die Loyalität von Frauen. Jede Frau sollte es lesen!«
Eine nicht so freundliche Amazon-Rezension: »Auf dem Foto auf der Umschlagklappe sieht Heather Thomas sehr hübsch aus; über ihr Talent als Schriftstellerin kann ich leider nicht viel Gutes sagen.«

Jameson Parker
An Accidental Cowboy
Autobiographie, 288 Seiten, 1992
Worum es geht: 1992 wurde Jameson Parker im Streit von seinem Nachbarn niedergeschossen. Zehn Jahre lang hatte er danach mit dem psychologischen Trauma der Nahtoderfahrung zu kämpfen. Geholfen hat ihm der Rückzug auf seine Ranch nahe des San Joaquin Valley in Kalifornien. Hier lebt er nun mit seiner Frau, mit Rindern, Pferden und im Einklang mit der Natur.
Eine freundliche Amazon-Rezension: »Die Geschichten über den Alltag auf der Ranch sind sehr unterhaltsam. Selbst Leute, die noch nie auf einer Ranch waren, sollten sie eigentlich faszinierend finden.«
Eine nicht so freundliche Amazon-Rezension: »Ich war und bin ein großer Fan von *Simon & Simon,* aber dieses Buch war definitiv Zeitverschwendung. Gedanklich kommt mir das manchmal ziemlich planlos vor, außerdem ist es langweilig geschrieben.«

Robert John Wagner
Pieces Of My Heart: A Life
Autobiographie, 352 Seiten, 2008
Worum es geht: Robert Wagner schüttet sein Herz aus und berichtet über seine Kindheit und Jugend, seine Hollywood-Karriere, die Jahre bei *Hart aber herzlich* und über die Frauen seines Lebens: Barbara Stanwyck, Marion Marshall, Jill St. John – und natürlich Natalie Wood. Zum ersten Mal spricht er ausführlich über ihren tragischen Tod.
Eine freundliche Amazon-Rezension: »Robert Wagner kommt hier als ein wundervoller Mann rüber – und außerdem ist er immer noch wahnsinnig sexy.«
Eine nicht so freundliche Amazon-Rezension: »RJ, da ich Dich jetzt schon seit 1981 kenne, war ich doch ziemlich traurig und überrascht und tief verletzt angesichts all der Erfindungen in Deinem Buch. (...) Sidney ist leider nicht mehr unter uns, um sich gegen Deine Unwahrheiten zu verteidigen, aber als seine Frau ... bin ich es ... Schäm Dich, RJ (...). Mit ergebensten Grüßen, Mrs. Sidney Sheldon!«

REGISTER

D

G

H

S